'무엇'이
되기 위해
살지 마라

'무엇'이 되기 위해 살지 마라

백 지 연 이 인 터 뷰 하 고 쓰 다

세계은행 총재
김용의
마음 습관

그의 말은 말이 아니라
행동이고 삶이었다

'어떤 삶을 살고 싶으세요?'라는 질문을 받았다고 생각해
보자. 어떤 답이 나올까? 선뜻 답이 나오지 않는다면 지금 옆
에 있는 누군가에게 이 질문을 던져보라. 사실 이런 질문은
뭔가 거창한 듯한, 혹은 때 아닌 진지함으로 어색한 분위기
를 만들곤 한다. 질문을 받은 사람들은 답을 모른다고 생각
하지도 않고 답이 없다고 생각하지도 않지만, 의외로 싱거운
대답이 돌아올 때가 많다. 대부분은 곧바로 '정답' 혹은 이전
에 깊이 생각해두었던 '정돈된' 답을 내놓기보다는 '글쎄요…
뭐…'로 시작되는 미완성의 답을 내놓는 것이다.

이번엔 같은 질문을 이렇게 던져보자. '당신 자녀가 어떤 삶을 살기를 원하세요?' 분명 대부분의 부모들에게 이 질문은 자신에게 주어진 질문의 그것보다 훨씬 더 묵직하게 다가올 것이다. 그들의 반응 속에는 무엇보다 기도하듯, 간절함이 배어 있다.

삶이 계획한 대로, 희망한 대로 되는 건 아니다. 우리는 이 사실을 살면서 배워온 터라 사랑하는 자녀가 그들의 앞날을 헤치고 나갈 길을 상상해보면 기대와 기원과 걱정이 앞서 깊은 숨부터 내쉬게 된다. 물론 지체 없이 내놓곤 하는 대부분의 공통된 답은 있다.

'잘 살아야죠.'

그렇다. 틀린 답도 아니고 싱거운 답도 아니다. 준비되지 않은 궁색한 답도 아니다. 아주 많은 것을 함축하기도 하고 같은 한국말이지만 사람마다 다른 뜻을 품고 있다. 저마다에게 가장 중요한 말이며 거짓 없는 바람인 것이다. 나 자신을 위해, 혹은 내가 사랑하는 그 누군가를 위해 우리는 잘 살기를 소망한다. 물론 혹자는 이미 자신의 삶을 꾸려나가는 데에 흔들림 없는 확고한 목표가 있고, 그에 맞춰 스스로 흡족한 생을 누리고 있는 경우도 있을 것이다. 그러나 현재 상태가 그렇다 하더라도 당장 내일부터 삶의 길에 툭 튀어나올 변수란 놈을 알 수 없다. 또 생각의 크기가 시간에 따라 성숙하다 보면 '잘 산다'는 것에 대한 정의를 업그레이드하고 수정할 필요가 생긴다.

도대체 '잘 산다'는 것은 무엇일까? 어떻게 해야 잘 살 수 있는 것일까? 그간 내가 썼던 여러 권의 책을 통해 고백했듯, 나는 우리가 사는 세상에서 성공이란 단어의 쓰임새가 불편한 사람이다. 이 책에서도 '성공하는 삶'에 대한 글을 쓸 생각은 없다. 그러나 잘 산다는, 의미 있게 산다는 것에 대한 생각은 시간이 허락할 때마다 곱씹어본다. 이 책에서는 사람들이 흔히 말하는, 그러나 진정 바라는 '잘 산다'는 것에 대해 생각해보려 한다.

우리의 부모 세대는 우리가 잘 살아야 한다는 마음 하나로 평생 팔을 걷어붙였다. 우리 또한 자신, 혹은 자녀 세대가 잘 살기를 희망하며 교육에 공을 들이고 있다. 그런데 도대체 무엇이 잘 사는 삶이고, 어떻게 사는 것이 잘 사는 삶일까?

먼저 밝히면, 정해진 답은 없다. 우리 인간은 각자 한 사람 한 사람이 복잡 미묘한 소우주인지라 획일화된 정답은 없다. 그러나 우리는 모두 각자의 답을 찾아야 하고, 찾고 싶기 때문에 그 답을 찾기 위한 기준치, 혹은 참고가 되는 가늠자를 찾아보고 연구해볼 수는 있다. 방법론은 다양하다. 누군가는 구도를 통해서, 누군가는 철학을 통해서, 누군가는 지혜로운 자의 저술을 통해서, 또 누군가는 다른 누군가의 삶의 궤적을 들여다봄으로 찾아볼 수 있다. 그 과정에 때로는 오답을 정답으로 착각할 수도 있다. 그러나 오답이 무서워 정답 찾기를 멈출 수는 없다.

나 또한 글을 쓰거나 말을 할 때, 내가 누군가에게 오답을 줄까봐 저어된다. 그러나 개인적으로는 나의 정답 찾기와 직업적 사명감을 떠올리면 남에게 전달하기를 멈출 생각이 없다. 훌륭하고 인상적인 그 무엇을 발견하면 그것이 다른 누군가에게는 등불이 될 것이라는 생각에 글을 쓰곤 한다. 한 사람의 이야기는 짧은 칼럼으로, 때로는 여러 사람의 이야기에서 공통분모를 뽑아서 책으로. 그런데 이번엔 특이한 책 쓰기를 하기로 했다. 한 사람에 대한 이야기를 책으로 쓰는 것이다. 무엇이 나로 하여금 한 사람에 대한 책을 쓰게 만들었을까?

"최초." 그는 최초라는 수식어를 여럿 달았다. 그것도 무게가 가볍지 않은 최초라는 수식어를 말이다. 그러나 최초의 동양계 아이비리그 다트머스대학 총장, 동양인 최초의 세계은행 총재 취임 같은 '최초'라는 기록이 이 책을 쓰게 만들지는 않았다. 그는 한 회당 한 사람이라는 원칙을 갖고 있는 〈피플 인사이드〉에서 도합 세 차례에 걸쳐 심층 인터뷰를 한 주인공이기도 하다.

2009년과 2011년에 다트머스대학 총장실에서, 그리고 이제 2012년 미국 재무부에서, 이 또한 그가 기록한 최초나 성공 때문은 아니었다. 처음으로 한 사람에 대한 책을 쓰는 것이나 같은 사람을 세 차례나 인터뷰한 것이나, 그것은 어쩌면 그가 말한 단 한 줄의 문장에서 비롯됐는지 모른다. 그것은 단 한 줄이었지만 강력한 메시지였다. 그냥 말에 그친 것이 아니라 삶으로 보여준 말이었기 때문이다. 그 한 문장을 통해, 나는 개인적으로 '잘 살아야 한다' '의미 있게 살아야 한다'는 것에 대해 업그레이드해야 하는 강한 충동을 느꼈다.

김용이 말한 그 강한 메시지를 의미 있게 살고자 갈망하는 나의 동시대 친구들, 나의 독자들에게 전하고 싶었다. 그 스스로 자신을 세계가 원하는 21세기형 인재로 만들어간 김용과의 길고 깊은 대화와 그에 대한 관찰기를 공개함으로써 독자 한 사람 한 사람이 강력한 에너지와 실제적인 인도함을 받기 원한다. 그리고 이 책의 마지막 장을 덮을 때 그대의 심장에서 새로운 진동이 시작되길 기대한다. 한 번뿐인 인생,

프롤로그

한 번뿐이어서 '잘 살고' 싶은 멋진 흥분으로 말이다. 이제 시작해보자!

　"나는 무엇이 되는 것(what to be)에 관심을 두지 않았습니다. 무엇을 해야 하느냐(what to do)를 늘 생각했죠."(김용)
　"What I've said before and I always say. I came here to DO something, and I didn't come here to BE something"

2012년 4월 17일 워싱턴에서

백지연

|1부| '뭔가 되려고' 살아온 게 아니다

1장 가치관을 행동으로 옮기다 · 039

2장 누가 세계를 변화시킬 것인가? · 081

|2부| 김용의 '마음 습관'

세계은행The World Bank은 어떤 일을 하는 곳인가?

국제부흥개발은행(IBRD, 1945년 창설), 국제개발협회(IDA, 1960년 창설), 국제금융공사(IFC, 1956년 창설), 국제투자보장기구(MIGA, 1988년 창설), 국제투자분쟁해결본부(ICSID, 1966년 창설) 등 다섯 개 기구로 구성된 국제적인 개발 원조 기구다.

좁은 의미의 세계은행이란 중저소득 개발도상국에 중장기 개발자금을 지원하는 국제부흥개발은행과 저소득 개발도상국에 대한 양허성 자금을 지원하는 국제개발협회를 가리킨다. 세계은행은 선진국만이 아닌 개발도상국과 최빈국을 포함한 전 지구적인, 지속가능한 경제 발전을 촉진하기 위해 개발도상국과 최빈국에 금융, 재정, 기술을 지원해왔다. 한마디로 요약하면 '세계 빈곤 척결' 및 '저개발국가 지원'을 위한 기구인 것이다.

운영에서는 미국이 절대적인 영향을 인정하는 선에서 기구가 움직이며, 의사 결정에서 선진국의 지분이 개발도상국 지분보다 월등히 높다. 때문에 종종 '정치적 대출'이 행해졌고 지원을 빌미로 수혜국의 경제주권을 손상시키기도 했으며, 제3세계와 최빈국의 긴급 현안에 대한 대처가 미흡해 비판의 도마에 오르기도 했다. 그러나 세계은행의 자금이 실제로 100개국 이상의 국가에서 유용한 개발 프로젝트에 쓰였고, 아직까지는 국제적인 개발 원조 기구의 위상을 공고히 하고 있다.

세계은행 또한 몇 년 전부터는 자유화와 개방을 통한 성장, 그리고 그를 통한 빈곤의 해결을 고집하는 대신, 소득분배의 중요성과 빈곤층을 위한 성장(pro-poor growth)을 이야기하기 시작했다.

세계은행이 변화의 조짐을 보이기 시작한 즈음 취임한 김용 총재는 빈곤 국가 지원에 대한 경험과 열정이 있고, 빈곤 퇴치를 위해 경제성장이 중요하다는 사실을 명확하게 인식하고 있다는 점을 높이 평가받고 있다. 지명 당시부터 세계은행이 당면한 빈곤퇴치 과제에 대해 준비된 후보라는 평을 받았지만, 그동안 있었던 "정치적 대출"로 인해 제3세계와 빈곤국들로부터 원성을 샀던 세계은행이 김용 총재의 취임을 계기로 '로빈 후드'식 개혁이 일어날 것을 전 세계가 기대하고 있다.

전환기를 맞이한 21세기의 인재상 김용, 그는 누구인가?

김용(미국명 Jim Yong Kim)은 1959년 서울에서 태어났다. 다섯 살 때 부모님과 함께 미국으로 이민을 가서 아이오와 주 머스카틴에서 자랐다. 아버지 김낙희(별세) 씨는 한국전쟁 당시 월남해 서울대 치대에서 공부한 뒤 뉴욕에서 유학했으며, 아이오와에서 치과의로 일했다. 어머니 전옥숙은 유니온신학교에서 저명한 학자들과 동문수학했으며 퇴계 철학 연구로 아이오와대학에서 철학박사 학위를 받았다.

김용은 머스카틴고등학교에서 전교회장, 수석졸업생인 동시에 학교 풋볼팀의 쿼터백 및 농구팀의 포인트 가드로 뛸 만큼 일찌감치 머리와 활동력을 함께 뽐낸 수재였다. 이후 아이비리그 명문 브라운대를 거쳐 하버드대에서 공부해 의학박사와 인류학박사 학위를 받았으며, 하버드 시절 만난 폴 파머와 함께 1987년 국제적인 의료봉사 조직인 PIH를 설립해 중남미 등의 빈민지역에서 질병 퇴치를 위한 의료구호활동을 벌였다.

2004년에는 세계보건기구WHO 에이즈국장을 맡기도 했으며, 하버드 의대 국제보건사회의학과장을 역임했다. 김용 총재 지명자는 2006년 미국 〈타임〉이 선정한 '세계에서 가장 영향력 있는 100인'에 선정되었으며, 2005년에는 〈US 뉴스 앤 월드 리포트〉에 의해 '미국의 최고 지도자 25명'에 뽑히기도 했다.

2009년에는 다트머스대학 총장에 선출됨으로써 아시아인으로는 최초로 아이비리그 총장에 취임했고, 2012년 3월 23일 버락 오바마 미 대통령에 의해 세계은행 총재 후보로 지명되어 2012년 4월 16일 이사회를 통해 세계은행 총재에 선임되었다.

2012년 4월 17일, 미국 현지 인터뷰

워싱턴에서 그를 놓치다

워싱턴의 4월은 한낮에도 더운 기운이 느껴지는 날씨다. 예상 외로 뜨거운 태양을 등줄기에 느끼며 짐 찾는 곳으로 이동하던 나는 혼잣말을 내뱉고 있었다. '이 거대한 도시의 공항은 참 변하지도 않는군…' 반사적으로 튀어나온 이 말은 머릿속에 이런 생각을 불러내고 있었다.

'미국의 수도 워싱턴은 무엇을 지키고 싶어 하는 것일까?'

지금 어디에 있다는 시공간의 감각도 없이 내 머릿속에는 이곳에서 완수해야 할 숙제만이 맴돌고 있었다. 태평양을 건너 13시간여 날아온 워싱턴, 단 1박 2일 체류. 주어진 숙제는 김용 총장과의 인터뷰. 아니, 이제 총재라고 불러야 할 김용 세계은행 총재와의 인터뷰다. 그는 총재 지명이 확정된 직후에 〈피플 인사이드〉를 통해 나와의 단독 인터뷰를 갖겠다고 약속을 해둔 터였다. 시계를 내려다본다. 4월 16일. 김용 총재의 실질적인 선출이 이루어질 시간이다. 뚜벅 뚜벅 걷는 발걸음마다 인터뷰에 대한 생각으로 골똘하던 나는 궁금해지기 시작했다. 신임 김용 총재는 이곳, 워싱턴에서 무엇을 변화시킬 수 있을까?

공항 밖으로 나오자 하루 먼저 도착해 있던 PD가 손을 흔든다. 서로 수고 많다는 간단한 인사를 나누자마자 짧은 대화가 오간다. 비행기에 있던 시간 동안 확인하지 못한 뉴스가 궁금한 것이다.

"발표 났나요?"

"네. 방금 났어요."

이제 그는 지명자가 아니라 정식으로 신임 총재가 된 것이다. 숙소로 들어가기 전 일행은 바로 미국 재무부로 향한다. 짐을 풀거나 배를 채우는 등의 일은 항상 뒷전이다. 인터뷰 녹화 시간에 늦지 않기 위해 가는 곳까지의 동선 확보와 인터뷰 현장의 상황까지, 체크할 게 한두 가지가 아니다. 다트머스대학 총장 시절에도 그와의 인터뷰를 위해 대학 홍보팀을 통한 조정 등 사전에 챙길 것이 많았지만, 보안상의 복잡한 확인 절차나 모든 스텝의 신원을 일일이 확인하는 일은 없었다. 그러나 미국 재무부에서의 인터뷰는 상황이 달랐다.

현장 상황을 살펴본 뒤, 숙소에 도착하자마자 대충 짐을 푼 내가 곧바로 자리 잡은 곳은 책상. 노트북을 꺼내 인터넷을 연결한 나는 뉴스부터 확인했다. 마음이 바빠지기 시작한다. 총재 선출과 관련하여 세계 각지의 언론이 기사를 쏟아내고 있었다. 아예 보지 못했으면 모를까 눈에 들어온 이상, '김용 총재'라는 검색어로 뜨는 새로운 뉴스들을 읽지 않을 수 없다. 더욱 마

현장 스케치 2012년 4월 17일, 미국 현지 인터뷰

음이 바쁜 것은 김용 총재의 책을 쓰기 위한 원고 작업이 아직 남아 있었기 때문이다. 내 바쁜 사정은 아랑곳없이, 서울에서는 쉴 새 없이 전화가 걸려온다. 방송국, 출판사, 김용 총재의 인터뷰를 얻지 못한 언론들이 간접 취재를 하기 위한 요청 등등…. '결국 오랜 비행의 피로를 풀지도 못한 채 날밤을 새겠군.'

항상 느끼는 것이지만 시간은 기다려주지 않는다. 내가 맞춰 가야 하는 것이다. 새벽녘에 일단 이 책의 프롤로그를 써서 출판사로 보낸 나는 김용 총재에 관련한 현지의 아침 뉴스를 들으며 인터뷰 장소로 향할 채비를 하고 있었다. 혹시 교통체증에 걸릴지도 모른다는 우려 때문에 우리 팀은 재무부로 서둘러 출발했다. 목적지 중간쯤까지 갔을 때였다, 전화가 울린 것이. 직감적으로, 그 시간에 걸려오는 전화는 뭔지 모르게 불안하다. 역시나, 전화를 받은 PD의 표정에 낭패감이 스친다.

"네?…"

기다리지 못하고 무슨 일인지 묻는 일행에게 돌아온 대답은 상상할 수 없는 것이었다. 불행한 소식이라고 해봐야 기껏 인터뷰 시간이 늦춰지는 정도, 그래서 좀더 기다려야 한다는 것이리라 짐작하던 중이었다.

그런데, 아뿔사! 김용 총재가 뉴욕으로 이동 중이란다.

"뉴욕?"

외마디를 내뱉은 머릿속에는 순간 여러 가지 생각이 광속으로 지나갔다.

"뉴욕? 아니, 이게 무슨 소리! 이 인터뷰 때문에 모든 일행이 서울에서부터 워싱턴까지 날아왔는데….”

모두가 할 말을 잃었다.

“뉴욕? 기차로 가야 하나? 비행기로 가야 하나?”

“내일 오전 11시, LA에서 예정되어 있는 인터뷰는 또 어떡하지? 놓칠 수 없는 건데.”

“뉴욕에서 LA로 가는 마지막 비행기는 몇 시지?”

“짐이 너무 많아서 운전해서 가야해. 네다섯 시간은 걸릴 텐데, 문제는 시간이군.”

마지막 생각에 다다르자 ‘으아악~’ 소리라도 지르고 싶은 심정이었다. 그러나 내 입에서 나오는 소리는 전혀 달랐다.

“할 수 없죠. 빨리 뉴욕으로 갑시다. 일단 일은 되게 해야죠.”

우리는 각자 할 일을 하기 시작했다. 사태를 파악하기 위해 전화를 하고 뉴욕에서 다시 만날 시간과 장소를 맞추는 사람, 뉴욕까지 갈 주소를 네비게이터에 입력하는 사람, 뉴욕에서 LA까지 이동할 가장 늦은 비행기 티켓을 확인하는 사람….

사정은 이랬다. 김용 총재는 내가 워싱턴에 도착한 그날 정식 임명을 통보받고 페루에 갔던 것이다. 바로 다음 날, 그러니까 인터뷰 당일 워싱턴으로 돌아온 그는 갑자기 뉴욕에서 처리해야 할 긴급 현안이 생겼고, 인터뷰 시간을 오후로 늦춰서 워싱턴이 아닌 뉴욕에서 인터뷰를 하자는 전갈을 급히 넣은 후 이동 중이었다. 선택은 없었다. 우리는 인터뷰를 해야 했고, 뉴욕으로 이동할 수밖에 없었다. 인터뷰 장소가 갑자기 바뀐 것은 낭패스러운 일이었으나 내 머릿속에는 이제 본격적으로 바빠질, 직원 1만 3,000명을 거느린 세계은행의 수장이 된 신임 김용 총재의 앞으로의 5년이 그려졌다.

뉴욕에서 그를 만나다

일행은 그 많은 장비를 들고 순간이동을 하듯, 뉴욕 인터뷰 장소로 옮겨갔다. 배경으로 보일 벽에 설치된 벽난로를 켜둘까 말까를 의논하고 있는데, 드디어 김용 총재가 들어섰다.

"어휴… 백지연 씨, 죄송합니다."

급하게 들어서는 김용 총재의 얼굴은 왜 인터뷰 장소를 부득이 뉴욕으로 옮길 수밖에 없었는지를 대신 설명하는 듯했다.

"총재님. 축하드립니다. 아, 근데 너무 피곤해 보이시네요."

그랬다. 그 말밖에 할 수 없을 만큼 그의 얼굴은 벌써부터 쏟아지는 각종 일정에 피곤한 빛이 역력했다.

"너무 죄송합니다. 정말 급한 일이 생겨서…, 페루에서 아침에 돌아왔는데 갑자기 또 뉴욕에 일이 생겨서요."

총재는 총재대로 인터뷰 후 꼬리를 물 일정 때문에, 우리 일행은 일행대로 속히 인터뷰를 끝내고 공항으로 달려가 LA행 마지막 비행기를 놓치면 안 된다는 압박에 쫓겨, 인터뷰는 이미 시작되고 있었다.

김용 총재와의 세 번째 인터뷰가 시작된 것이다.

백지연(이후 백) "페루에는 왜 다녀오셨어요?"
김용(이후 김) 페루에 가서 과거의 환자들을 만나는 데 오후 한나절을 보냈어요. 예전에는 자기들이 죽는 줄로만 여겼던 사람들이죠.

백 아. 그렇군요. 그래서 그들은 이제 건강한가요?

김 다들 행복해요, 일도 하고. 예전에는 모두가 죽을 거라 여겼던 사람들이에요. 한 사람씩 한 사람씩 그분들을 다시 만나봤는데 이제는 일도 하고, 그중 한 사람은 간호보조사로 병원에서 일하고 있었어요. 그분의 아들도 잘 지내고 있었고요. 또 다제내성 결핵을 앓던 의사의 딸은 이제 곧 대학에 들어갈 거라고 했어요. 내가 하는 일이 이런 겁니다.

백 기적을 만드셨네요.

김 그렇죠. 개인이 하는 일이 아니라 커뮤니티와 의사, 모든 사람들이 함께하는 일이죠. 내가 하는 일은 바로 이런 커뮤니티에 초점을 맞추고, 젊은이들을 위한 교육에 초점을 맞춘 것이었어요. 그래서 오바마 대통령이 나에게 이렇게 중요한 기관을 이끌어갈 기회를 준 것은 아주 놀랄 만한 일이죠.

백 아픈 분들을 위해, 특히 가난한 이들을 위해….

김 매우 고무적인 이유가 바로 그것입니다. 세계은행은 우수한 스텝으로 구성되어 있는 기구로 유명합니다. 유엔에서 일하는 사람들은 세계은행이 우수한 인재로 구성되어 있다는 사실을 너무나 잘 압니다. 1만 3,000명이죠. 일 년에 거의 600억 달러예요. 솔직히 이런 기관을 이끌어갈 기회가 주어지게 되리라고는 전혀 상상하지 못했어요.

백 그런 기회가 왔으니 운명이라 생각하셨겠지만, 개인적으로

현장 스케치 2012년 4월 17일, 미국 현지 인터뷰

는 정말 감동적이셨겠어요.

김 예, 그랬습니다. 정말 감동적이었죠.

백 이제 진짜 제대로 일할 수 있겠구나, 그런 생각도 하셨겠습니다.

김 예. 제가 볼 때 세계은행의 가장 파워풀한 점은 자금력이 있다는 것입니다. 세계 곳곳에 투자를 하고 있고, 또 국가 경제의 민간 부분에도 투자합니다. 최극빈국 같은 나라에는 무이자 융자나 보조금을 제공하고, 인도나 중국 같은 나라에도 융자를 해줍니다. 이런 모든 일 외에도 마치 그들은 연구대학과 같습니다. 투자한 결과에 대해 연구원들이 매일같이 연구하고 있어요. 그러니까 한편에서는 자금을 운용하고, 다른 한편에서는 빼어난 연구원들이 그 결과를 연구합니다. 이런 콤비네이션은 정말 그 어느 곳에서도 찾아볼 수 없는 것이죠. 그래서 제 입장에서는 이 기관을 이끌게 된 데 대해 무척 겸허한 마음을 느끼는 동시에 아주 기분이 들뜨는 것이죠. 행동, 사고, 연구, 이런 것들을 모두 동시에 함께 조화시키는 것은 정말 그 무엇에도 비길 데가 없습니다.

백 그래서 모든 일이 가능해지는 거죠.

김 예. 모든 일이 가능하다고 생각합니다. 지금까지도 저는 거의 쇼크 상태인데요. 리마 북부에 있는 카라바이요, 아이티의 시골, 그런 곳에서 시간을 보냈던 나 같은 사람이 이런 기관을 이끌어갈 기회를 가지게 되었으니까요.

백 무슨 말씀이세요. 나 같은 사람이라니요. 충분히 자격이 있으신 분이죠.

오프 더 레코드에 감춰진 흥미로운 일화

　이런 이야기를 나눈 뒤 김용 총재는 오바마 대통령과 있었던 흥미로운 일화를 소개했다. 세계은행에 대한 공적인 이야기를 나누던 중 나온 따뜻한 이야기였다. 나는 그 이야기를 들으며 '정말요?'라는 추임새와 미소를 거두지 않았다. 그러나 부득이 이곳에서는 아쉽게도 밝힐 수가 없다. 김용 총재는 인터뷰를 하기 전에 이런 말을 했다.

　"이제 무슨 말을 하든 극도로 조심할 수밖에 없어요. 제 말에 따라 국제금융시장이 요동칠 수도 있다는 것을 생각하면, 조심하고 또 조심해야 합니다."

　맞는 말이다. 공직에 있는 사람이 가장 조심해야 할 것이 언행이다. 그리고 한번 약속한 것과 지켜야할 것에 대한 신뢰다. 그 원칙과 미묘한 입장을 아는 사람으로서 안타깝지만 발설할 수는 없는 일이다.

백 어머니께서는 뭐라고 하시던가요? 소식을 들으시고….
김 어머니는 너무 기뻐하셨죠. 정말 기뻐하셨어요. 어머니는 세계은행이 얼마나 중요한 곳인지 이해하고 계셨어요. 아마 상상이 가실 겁니다. 어머니는 열여섯 살 때, 말 그대로 삼촌을 등에 업고 부산까지 걸어서 내려갔어요. 그리고 너무 큰 희생을 치르고 우리를 미국으로 데려오셨는데, 이제 아들이 이런 기회를 갖게 됐으니, 물론 아주 기뻐하고 계십니다.

백 무척 자랑스러우시겠어요.(웃음) 그런데 힐러리 클린턴 장관이 추천한 것으로 보도가 되고 있는데, 사실인가요?

김 저도 확실하게는 모르지만, 클린턴 장관이 제가 후보로 나선 데 대해 지지를 해주셨다는 건 알고 있습니다. 그래서 감사를 드렸어요. 아주 특출하신 분이죠. 우리 기관은 클린턴 대통령과 르완다에서 함께 일했는데 그는 누구 못지않게 대단한 기여를 했어요. 르완다에서 진행되고 있는 현재 프로젝트에서부터 HIV 의약품 가격을 인하하는 일까지 모든 일을 함께했어요.

세계은행의 미래

백 사실 선거를 통해 총재 선출 과정을 제대로 거친 것은 이번이 처음이잖아요, 세계은행 역사상. 미국이 지명하면 거의 확정이라고 생각했기 때문에 걱정을 안 했는데 긴장된 순간이 있나요, 중간에?

김 물론이죠. 우리 모두 그 어느 것도 자동적으로 당연히 된다고 여기지 않았어요. 15일 이상 기간 중에 우리는 비행기를 22회나 탔어요. 각국의 재무장관을 만나고, 때로는 수상을 만나고, 국가원수도 만나고, 거의 50명 이상을 방문하고 만났습니다.

백 다른 후보와 같이 동행했나요?

김 오캄포 전 재무장관님과 응고지 장관님, 두 분 모두 아주 정평이 높으신 훌륭한 분들이죠. 그래서 그 일에 적임자라는 신임을 얻기 위해 저 자신의 가능성을 보여줘야 했습니다. 정말 열심히 했습니다. 그 어떤 것도 만만히 생각하지 않았어요. 이것이 실제로 선거라는 것을 우리는 이해하고 있었고, 저의 승산을 위해 열심히 뛰었습니다.

백 경쟁이 셌던 만큼 세계은행을 개혁하겠다고 하셨으니, 그 신호탄이 됐겠네요. 이제 개혁을 시작하실 수 있겠네요.

김 세계은행은 지난 20년 사이에 아주 많이 변했습니다. 지금은 "아젠다의 현대화"라는 과정을 거치는 중에 있습니다. 보다 결과에 집중하고, 훨씬 더 개방적으로 바꾸는 데 전념하고 있어요. 데이터까지 공개한 상태입니다. 이제는 누구라도 이 거대한 데이터를 볼 수 있어요.

백 투명성을 말씀하시는 건가요?

김 그렇죠. 투명성입니다. 지금은 성과측정기록표corporate scorecard도 사용하기 시작했습니다. 이건 산업계에서 사용해오던 접근방식인데요. 특정 사업에서 진척 상황이 어떻게 진행되고 있는지 파란불, 노란불, 녹색불, 이런 식으로 알 수 있게 표시됩니다. 그래서 아주 중요한 사업들을 시작했고 세계은행을 보다 심플하고 효율성 있게, 또한 국가 차원에서 보다 민감하게 대응하도록 하는 데 전념하고 있습니다. 이런 작업이 모두 시작됐습니다. 저는 거기에 잘 맞는 입장에 있다고 봅니다. 아시다시피 저는 1억 달러 예산 적자 상태에서 다트머스대학의 총장에 취임했는데, 그게 예산의 약 15퍼센트를 차지했어요. 그래서 즉시

현장 스케치 2012년 4월 17일, 미국 현지 인터뷰

행동을 개시했고, 이슈들을 해결했습니다. 세계은행은 더 크고 분명 더 복잡하겠지만, 저는 이런 변화를 거치고 있는 조직을 떠맡을 만한 경험이 있다고 생각합니다. 세계은행에서도 큰 효과를 낼 수 있게 되기를 바랍니다.

다트머스 총장에서 세계은행 총재가 되다

백   응원해드릴게요. 다트머스 이야기가 나왔으니 여쭤보겠습니다. 다트머스대학으로서는 기쁘면서도 좀 속상할 수도 있을 텐데요. "Bitter-sweet"라는 표현이 적합한 상황일 수도 있겠어요. 총장님을 떠나보내느라 섭섭해하지 않나요?

김   그렇겠죠. 저도 그렇고요. 저는 그 대학을 아주 사랑하게 됐고, 학생들도 너무나 훌륭해요. 또 세상에 나가서 좋은 일들을 하고 있어요. 원래 내 계획은 아주 오랫동안 거기서 일을 하는 것이었습니다. 다시 말하지만, 이번 일은 일어날 가능성이 너무나 희박한 그런 기회가 불쑥 찾아온 겁니다. 정말 생각지도 못했던 그런 일이 그냥 그렇게 벌어진 거예요. 저는 좋은 분들과 친분을 맺었고, 다트머스의 이사들께서도 잘 대해주셨고, 많은 지지를 해주셨어요. 학생들과 교직원들, 많은 분들을 가까이에서 알게 됐는데, 그 많은 사람들로부터 들은 이야기인데요. 보내기는 섭섭하지만 세상에, 양쪽 모두에게 너무 잘된 일이라는 겁니다. 다트머스는 전 세계 수많은 언론에 보도가 많이 되었고, 예전에는 다트머스라는 이름조차 들어본 적이 없던 사람들조차도 이제는 다트머스를 안다는 겁니다. 그리고 저는 다트머스가 어떤 곳인지, 그 메시지를 세계에 전달하고 있다고 생각해요. 어떻든 간에, 저는 항상 17대 총장으로 남을 겁니다. 그건 늘 저를 따라다니게 되는 거죠. 가는 곳마다 다트머스 타이를 매고, 그동안 다트머스 이야기를 세상에 들려줬어요. 다트머스는 훌륭한 연구대학입니다. 어떤 한 출판물에 따르면, 다트머스가 미국 최고의 교육기관으로 선정됐어요. 이런 것들을 결코 잃어버리지 않을 겁니다. 제가 살면서 어디를 가든 무엇을 하든, 저는 언제나 17대 총장입니다. 이 사실을 아주 자랑스럽게 여길 것이고, 또 다트머스대학과 그곳에서 만난 사람들과의 관계도 그럴 것입니다.

백 그 타이도 계속 매고 다니실 건가요? 세계은행에서도?(웃음) 지금 다트머스대학의 타이를 매고 계시잖아요. 세계은행 타이는 없으신가요?
김 저한테는 아직 세계은행 타이가 없습니다.

백 세계은행도 타이가 있나요?
김 저도 몰라요. 잘 모르겠어요.(웃음) 다트머스 타이를 아주 오랫동안 매고 다닐 생각입니다.

백 알겠습니다. 다트머스에서 전임 총장의 이야기를 빌려서 "세계의 문제가 곧 당신의 문제다The world's troubles are your troubles"라는 말씀을 늘 학생들에게 강조하셨잖아요. 이제 행동으로 그걸 보여주기 위해 직접 나서신 셈이네요.
김 그렇잖아도 그 생각이 제 머리에 떠올랐어요. 학생들과 다

현장 스케치 2012년 4월 17일, 미국 현지 인터뷰

른 여러 사람들이 이번 일을 긍정적으로 이해해주시기를 바라고 있어요. 저는 세계의 문제를 보다 감동적으로, 포괄적으로, 세계 그 어느 기관보다 더 효과적으로 다루고 처리하는 기관을 맡아서 이끌어달라는 미국 대통령의 부름을 받았습니다. 그래서 진정한 이 부름에 응답했다고 생각하고 있어요. 다트머스에서도 그렇게 이해해주리라 믿습니다.

한국의 참여와 지지를 바란다

백 한국과 세계은행에 관계된 것 몇 가지만 여쭤볼게요. 한국의 지분참여율이 0.97퍼센트인가요? 회원국 중 22위라고 들었는데요. 예전에 비하면 한국의 참여도가 높아졌는데, 그러한 한국의 위상에 걸맞게 권리도 누려야 한다는 의견도 있는데요. 어떻게 생각하세요?

김 지금 진행되고 있는 일인데요. 아주 최근에 개발도상국들의 목소리가 커졌습니다. 한국도 포함해서요. 꽤 많이 커졌어요. 상위권에 들어갑니다. 세계은행 내에서 개발도상국들의 목소리가 점점 더 강해질 것이라는 데 대해서는 의심하지 않습니다. 이 문제는 2015년에 다시 떠오를 것입니다. 저는 이번 선거가 지표 역할을 했다고 생각합니다. 이제는 사정이 달라졌어요. 개발도상국들이 목소리를 내겠다는 의지를 갖고 있고, 또 테이블에 자리를 차지하고 앉아서 자신의 입장을 발언하고 싶어 하는 너무나 훌륭한 인재들을 갖추고 있습니다. 제가 평생 해온 일이 바로 이것입니다. 저는 의사인데, 의사는 데이터에 관심을 집중하고 어떤 행동을 하기 전에 먼저 근거를 요구하죠. 또한 문화인류학자이기도 한데, 문화인류학자는 귀담아듣는 훈련을 한 사람들이라는 건 수년 전부터 알려진 사실입니다. 문화인류학이란 인간 문화에 대한 체계적 연구와 기록학이라 할 수 있어요. 가만히 앉아서 지레짐작하거나 개인적인 견해를 삼가고, 다른 마을이나 문화권 사람들이 무슨 이야기를 하는지 귀담아들어야 합니다. 그들의 관점에서 진정으로 이해하려고 노력해야 하죠. 저는 이런 훈련이 되어 있는 사람이고, 분명 이런 기술을 개발도상국이나 중간 정도의 나라, 선진국을 포함한 모든 나라 사람들의 이야기를 귀담아듣는 데에 이용할 겁니다. 또한 아주 광폭적인 범위의 목소리, 즉 유럽이든 큰 나라든 작은 나라든 할 것 없이, 그들의 목소리를 들을 겁니다. 이것이 전문적인 '귀담아듣는 사람'의 일이고, 그게 바로 우리가 하는 일입니다. 문화인류학자들은 귀담아 말을 듣는 사람들입니다.

백 한국이 해야 할 일은 무엇이라고 생각하세요?

김 모든 개발국이나 개발도상국들에게 바라는 것은 두 가지입니다. 바로 '참여'와 '지지'입니다. 저희는 개발국이든 개발도상국이든 모든 나라가 지지해주기를 바랍니다. 특히 미국과 유럽 국가들에서 굉장한 지지가 있었습니다. 한국과 같은 나라가 보다 더 많은 기부를 해서 가난한 나라에 더 많이 지원할 수 있기를 바랍니다. 무엇보다 많은 한국의 젊은이들이 참여해주기를 바랍니다.

백 국제기관에요?

현장 스케치 2012년 4월 17일, 미국 현지 인터뷰

김 예. 세계은행 같은 기관이나 유엔 시스템에 참여하는 것은 진정으로 한국의 목소리가 커지는 일이고, 이를 다른 이들이 들을 수 있게 해줍니다. 영어 수업을 더 많이 가르치는 유수한 대학들이 늘어나고, 영어만이 아니라 아주 많은 한국 사람들이 중국어도 배우고 있는 걸로 아는데, 아주 고무적인 일입니다.

백 예. 그건 사실입니다.

김 유럽 같은 곳에 가면, 특히 네덜란드의 경우 거의 대부분의 사람들이 3개 국어를 합니다. 유럽 사람들이 사용하는 언어 숫자는 정말 놀라워요. 한국도 서너 가지 언어를 말하지 못하라는 법이 없지 않습니까. 그렇게 되면 참 좋겠지요. 한국이 그런 방향으로 나가고 있다는 것을 알고 있고, 세계인이 된다는 것은 매우 중요한 일입니다. 사실상 한국의 미래를 위해 결정적으로 중요한 요소라고 볼 수 있어요.

(세계은행 총재와 가진 인터뷰는 한 시간 정도 계속됐다. 이곳에서는 지면상 중략한다.)

한국 청년들에게 보내는 메시지

백 마지막 질문이 될 것 같은데요. 최초의 아이비리그 동양인 총장도 기록하셨고요. 최초의 세계은행 동양인 총재도 기록하셨잖아요. '최초'를 강조할 생각은 없지만, 전환기를 맞이한 21세기에는 총재님 같은 인재가 필요할 것 같습니다. 그런 의미에서 한국의 젊은이들에게 21세기를 준비하기 위해서는 이런 걸 꼭 갖추어야 한다, 그런 말씀을 좀 해주시겠어요?

김 제가 어떻게 부르면 되죠, 백지연 씨를? '지연 씨?'라고 하면 됩니까? 백지연 씨와 제가 지난 번에도 이런 대화를 나눈 적이 있어요. 그때 이런 점을 강조했었죠. 내가 젊은이들에게 하고 싶은 말은 '무엇인가가 되기 위해서'가 아니라, 이 세상에서 뭔가 큰일을 하기 위해 자신의 준비를 갖추라는 것입니다. 내가 다트머스에 간 것은 '뭔가가 되기 위해' 간 것이 결코 아닙니다. 5,000~6,000명의 학생들에게 영향을 줄 수 있는 기회를 원했기 때문에 간 것입니다. 아시다시피 첫날부터 제가 학생들에게 한 말이 뭐냐면, '세계의 문제가 바로 당신의 문제다'라는 것이었어요. 이건 진정성을 담은 말이고, 또 제가 매일 강조한 말이며, 저의 진심이기도 합니다. 그런데 기회가 왔고, 그 일을 하기에 매우 중요하고 어려운 시기입니다. 결코 세계은행 총재가 되고 싶어서 이 일을 하는 게 아닙니다. 그런 생각은 해본 적도 없어요. 제가 총재직에 동의한 이유는, 우리가 할 수 있는 일들을 생각해보세요. 매일 아침 일어나서 "우리는 가난이 없는 세상을 꿈꾼다"라는 글귀가 적혀 있는 빌딩을 걸어 들어가는 모습을 상상해보세요. 매일 내가 하는 일은 각 나라들이 경제적으로 성장하도록 돕고 그래서 가난을 물리치고 중산층이 되고, 이거 너무 중요한 일이잖아요? 그래서 만약 무엇인가가 되고 싶다는 데에 인생의 초점을 맞추면 문제가 생길 거라고 봅니다. 뭔가 진정으로 하고 싶다면 마음으로 느껴야 하고, 실제로 뭔가를 해내기 위해서는 자신이 갖추어야 할 모든 일 앞에서 철저하게 겸허해져야 합니다. 지금 제가 느끼는 것이 바로 그것입니다. 저는 너

무나 이 기회에 감사하고 있어요. 또한 훌륭한 세계은행 총재가
될 준비를 위해 해야 할 모든 일들을 생각하면서 겸허함을 느끼
고 있습니다. 페루에 갈 때도 그랬고, WHO에 갈 때도 다트머스
에 갈 때도 마찬가지였어요. 기회가 주어지면 '어떻게 도약해서
이 도전을 뛰어넘고 일을 해낼 것인가?' 매번 거기에 집중합니
다. 그건 어떤 존재가 되는 것에 초점을 맞추고, 실제 그것이 되
었을 때 만족하는 것과는 다른 거죠. 늘 자기 자신을 주어진 임
무 앞에서 겸허해지는 상태에 두고, 자신을 준비하는 동시에 또
진정으로 중요한 것에 집중해야 합니다. 제게 정말 중요한 것은
사회의 구석으로 밀려난 사람들, 피난민, 이곳에서 저곳으로 걸
어가는 사람들, 이런 사람들에 대한 초점을 잃지 않는 방식으로
하던 일을 계속하는 것입니다. 60년 전에 우리 부모님들이 바로
그런 모습이었습니다. 염려되는 게 있는데요. 오늘날 젊은이들
은 그런 경험을 가진 조부모님들을 곧 잃게 된다는 사실입니다.
저는 늘 그런 소리를 들으며 자랐어요. 그런데 요즘 젊은이들은
그렇지 못해요. 아버지나 할머니에게 그런 이야기를 종종 듣고,
그다음에 관심을 돌려서 '이런 일이 오늘날 다른 곳에서도 벌어
지고 있지는 않은지' 생각해보세요. 그들은 우리 조부모님들의
또 다른 모습입니다. 어디에 그런 사람들이 살고 있는지, 지금의
저처럼 언젠가는 그들의 손자들에게도 기회가 주어지기를 바라
는 거죠. 세계은행 총재로서 그런 꿈을 이룰 수 있는 기회를 가
지게 된 것은 너무 큰 행운입니다.

취임 후 단 세 곳만 인터뷰하다

인터뷰를 끝내고 일어서면서 그는 총재 지명이 확정된 이후 단 세 곳과 인터뷰했으며, 이것으로 인터뷰는 끝이라고 말했다. 영국의 BBC, 미국의 CNN, 한국의 〈피플 인사이드〉가 바로 그 세 곳이라고 했다. 다트머스대학 총장 시절의 그와 세계은행 총재로서의 김용은 다를 수밖에 없을 것이다. 인터뷰 하나, 말 한마디 남기는 일조차 조심스럽다는 것은 그의 어깨에 짊어지게 된 책임감을 뜻하는 것이기도 하다.

그는 인터뷰의 끝자락을 한국의 젊은이들에게 부탁하는 말로 마무리했다. 그가 한국의 젊은이들에게 간절히 말하고 싶은 것이 있듯, 세계를 향해서도 던지고 싶은 메시지가 있을 것이다. 김용 총재가 이야기했듯, 워싱턴에 있는 세계은행 건물에는 "우리는 가난이 없는 세상을 꿈꾼다"라고 써 있다. '경제성장'과 '가난 퇴치', 이 두 마리의 토끼를 잡아야 하는 세계은행의 수장은 이제 그 스스로 그 앞에 놓인 숙제를 어떻게 풀어갈 것인가. 그래서 과연, 우리가 사는 이 세상이 더 좋아지는 그날을 만들어낼 책임을 다할 수 있을 것인가.

| 1부 |

'뭔가 되려고' 살아온 게 아니다

1장
가치관을
행동으로 옮기다

2012년 3월 23일, 타지에 있던 나는 CNN이 전하는 소식을 듣고 텔레비전의 볼륨을 높였다. 뉴스에서 나오는 소식은 이미 두 번이나 미국까지 찾아가 인터뷰했던 다트머스대학 김용 총장에 관한 것이었다. 기자는 이렇게 말하고 있었다.

"… 백악관은 버락 오바마 미국 대통령이 김용 다트머스대학의 총장을 세계은행 차기 총재 후보로 지명했다고 발표했습니다. 1946년 세계은행 발족 이후 최초로 아시아계 총재의 탄생이 예고됐습니다. …" 내 입가에 미소가 번졌다. "역시…."

tvN의 인터뷰 프로그램인 백지연의 〈피플 인사이드〉는 시청자 단 한 사람에게라도 마음의 불씨를 당길 인생의 멘토를 만나게 해주는 것을 사명으로 삼고 있다. 〈피플 인사이드〉는 이미 2009년에 김용을 주목했고, 2011년 프로그램에서는 이례적으로 같은 사람을 두 번 인터뷰하는 새로운 기록을 만들었다. 그만큼, 그는 '인상적이었다'. '왜?'라고 묻는다면 이유가 너무나 많다. 그래서 이 책을 쓰고 있는 것이다. 시청자, 혹은 독자 여러분이 내게 던질 질문, 궁금해할 그 질문, '왜?'에 답하기 위해서.

다음 날 전 세계 언론은 김용 총재의 지명에 대해 의미를 부여하거나 해석하기에 바빴다. 국내 언론도 물론 그러했다. 그러나 국내 언론 중 김용 총재 지명자에 대한 인터뷰 자료를 확보하고 있는 곳은 많지 않았다. 인터넷에 떠 있는 사진, 혹은 뉴스 클립 정도의 자료로 소식을 보도하고 있었다. 그 시점에 〈피플 인사이드〉만이 김용 총재 지명자에 대한 다양한 자료를 확보하고 있었다고 해도 지나친 말이 아니었다.

김용 다트머스대학 총장. 그는 하버드대학 교수로 재직 중이던 2009년, 400 대 1의 경쟁률을 뚫고 다트머스대학 총장에 취임함으로써 화제의 중심에 선 바 있다. 아시아계 최초로 아이비리그 대학의 총장 자리에 오른 것이다.

지명한 당사자인 오바마 대통령은 "세계은행의 리더는 발전적 역할과 환경 조성의 중요성을 모두 이해하고 있어야 한다"는 말로 후보 지명의 의의를 요약했다. 이에 대해 〈뉴욕타임스〉는 "세계적으로 경제가 성장하는 가운데 나타난 건강 문제의 중요성을 생각해서 내린 인사"라고 평했다. 〈워싱턴포스트〉 또한 "김용 총장은 이력의 대부분을 세계의 빈곤 퇴치에 바쳐온 첫 세계은행 총재가 될 것"이라고 했다.

오바마 대통령은 "세계은행의 리더는 발전적 역할과 환경 조성의 중요성을 모두 이해하고 있어야 한다"는 말로 김용을 후보로 지명한 의의를 요약했다.

미국명 Jim Yong Kim, 김용 다트머스대학 총장. 그는 하버드대학 교수로 재직 중이던 2009년, 400 대 1의 경쟁률을 뚫고 다트머스대학 총장에 취임함으로써 화제의 중심에 선 바 있다. 아시아계 최초로 아이비리그 대학의 총장 자리에 오른 것이다. 그리고 오바마 대통령에 의해 설립 이래 줄곧 미국의 몫이었던 세계은행 총재 후보로 지명되면서 2012년 또 한 번의 "최초" 기록을 만들었다.

한 손에는 메스, 한 손에는 고전

나는 이미, 지난 2011년에 쓴 전작 《크리티컬 매스》를 통해 김용 총재 지명자에 대한 많은 글을 썼다. 초고를 넘겼을 때 출판사에서는 "김용 총장에 대한 글

1장 가치관을 행동으로 옮기다

이 너무 많아요. 편파적이신데요…"라고 해서 웃은 적이 있
다. 출판사의 압력(?)에 그 양을 조절할 수밖에 없었던 아쉬
움이 있었으니, 이참에 김용 총재 지명자에 대해 제대로 짚어
보자.

김용 후보의 삶과 생각은 단박에 우리의 눈길을 사로잡
는 부분이 많다. 수재로 태어나 엘리트의 길을 걸었으나 그의
삶은 우리가 세상에서 목격하곤 하던 전형적인 엘리트의 길
이 아니었다. 그는 의사이자 의료 행정가일 뿐만 아니라 인류
학 박사다. 의학을 공부하면서 인간과 문화에 눈을 떴고, 인
간과 문화를 더 잘 이해하기 위해 인류학을 공부했다. 인류
학은 "과연 인류의 핵심 현안은 무엇인가?" 하는 고민으로 그
를 이끌었다. 중요한 것은 그의 고민은 고민으로 끝나지 않았
다는 사실이다. 그는 실제적인 해결책을 찾기 원했고, 그가
공부한 의학은 그에게 가장 기
본적이고 중요한 실행력을 주
었다. 그는 2009년 다트머스대
학에서 가진 인터뷰에서 이런
말을 했다.

지구의 문제를 해결하려는 첫 발걸음을 가
난한 나라의 질병 퇴치로 연결 짓는 것이야
말로 "경세제민經世濟民, 세상을 경영하여
백성을 구제한다"는 경제의 본래 뜻과 맞아
떨어진다.

"저는 좋은 부모님 덕분에 훌륭한 교육을 받았습니다. 그

러나 세계 모든 사람이 그런 것은 아니죠. 더 좋은 혜택을 받고 누리며 산 사람들이 그렇지 못한 사람들을 위해 뭔가를 하는 것. 그것이 제가 생각하는 '균형'입니다. 그 균형을 위해 제가 할 일을 찾은 것이죠."

의학이라는 지극히 특수하고 전문적인 지식과 인류를 향한 따뜻한 시선을 가진 김용. 그의 한쪽 손에는 메스, 다른 한쪽 손에는 고전이 들려 있었다. 이 아름다운 조화의 첫 단추가 어떻게 끼워졌는지 풀어보자.

김용은 가난한 나라의 아픈 사람들에 주목했다. 선진국에서는 흔해 빠진 약만 제공받아도 인생이 바뀔 사람들에게 약값만 낮춰줘도 수많은 생명을 구할 수 있다. 그는 그 일을 미루지 않고 스스로 팔을 걷고 나섰다. 기꺼이 가난한 나라의 폐결핵 퇴치와 후천성면역결핍증 퇴치, 의학 시스템 확보에 몸을 던졌다. 지구의 문제를 해결하려는 첫 발걸음을 가난한 나라의 질병 퇴치로 연결 짓는 것이야말로 "경세제민經世濟民, 세상을 경영하여 백성을 구제한다"는 경제의 본래 뜻과 맞아떨어지는 게 아니겠는가.

백악관은 그간 김용 총장 외에도 상원의원 존 커리, 전 재무장관이자 오바마의 경제 부문 조언자인 수전 라이스 들을 세계은행의 수장으로 고려해왔다고 알려졌다. 하지만 오바마 대통령은 거물 행정가나 정치인이 아닌, 가난하고 못 사는 나라의 아픈 사람들을 위해 일해온 의학 전문가 김용

　　　　　　　　　　　　　1장 가치관을 행동으로 옮기다

총장을 세계은행 총재 후보로 지명했다. "기술관료의 전문성"만으로는 더 이상 세상일에 달려들기 힘들다는 오피니언 리더들의 판단도 크게 작용했으리라. 그들은 말로만 살아온 것이 아닌 행동함으로 살아온 김용 총재의 실천에 주목한 것이다.

의학이라는 지극히 특수하고 전문적인 지식과 인류를 향한 따뜻한 시선을 가진 김용의 한쪽 손에는 메스, 한쪽 손에는 고전이 들려 있었다. 이 아름다운 조화의 첫 단추가 어떻게 끼워졌는지 풀어보자.

> 더 좋은 혜택을 받고 누리며 산 사람들이 그렇지 못한 사람들을 위해 뭔가를 하는 것. 그것이 제가 생각하는 '균형'입니다. 그 균형을 위해 제가 할 일을 찾은 것이죠.

이민 1.5세대의
선택

김용은 다섯 살에 부모님 손을 잡고 미국으로 건너간 이민 1.5세대다. 3장 "아들아, 넌 누구냐?"에서 다시 다루겠지만, 의사라는 이력도 어쩌면 이민 1.5세대라는 조건에 대한 대응일지 모른다. 그는 내심 철학이나 정치학 공부를 벼르던 브라운대학 첫 학기 이후의 일화를 소개하곤 한다.

브라운대학에서의 첫 학기를 마친 뒤 방학을 맞아 고향으로 돌아간 김용은 아버지(김낙희, 1987년 별세)와 대학 생활에 관한 이야기를 나눴다. 앞으로 무슨 일을 하고 싶냐는 아버지의 질문에 "새로운 것을 배우는 과정이 정말 재미있습니다. 앞으로 정치학이나 철학 공부를 해보고 싶습니다"라고 하자 아버지는 이렇게 말했다.

"야 임마, 인턴십(의과)이나 다 끝내고 나서 아무거나 한다고 얘기해!"

김용의 아버지는 안정된 일자리와 사회에서 존경받을 수 있는 자격을 먼저 갖추고 나서 그다음에 무엇이든 하고 싶은 일을 하라고 아들에게 충고한 것이다. "넌 동양인이다. 네가 철학을 공부해서 네 생각을 말한다 해도 아무도 듣지 않는다. 누구도 함부로 하지 못할 네 기술, 네 실력을 쌓은 뒤에 그다음 철학이든 정치학이든 해라."

지극히 실용적인 접근이었다. 일단 실력을 기른 다음에 네가 진정 세상을 바꾸기를 원하는지 자문해보고, 정말 그렇다면 그때 가서 하고 싶은 일을 해도 늦지 않다는 뜻일 것이다.

김용은 아버지의 말씀을 알아들었고 받아들였다. 달리 말하면, 미국의 백인 주류사회에서 무시당하지 않고 살기 위해 '하버드대학 출신 의사'라는 가장 보장된 실용적인 가치를 아버지의 훈육 아래 실현하면서

'뭔가를 해봐야겠다, 아마 턱없이 부족할지도 모르지만 어떻게 도와야 할지도 모르지만, 아무튼 도와야겠다.' 김용은 이런 생각을 가진 사람들은 보다 가능성이 있는 사람들이라고 말한다. 진정한 공감이 사람을 움직이는 원천이라고 생각하기 때문이다.

1장 가치관을 행동으로 옮기다

커리어를 쌓기 시작한 것이다.

이후 김용은 브라운대학에서 고전 및 인문학 교양을 착실히 쌓은 뒤 하버드대학으로 진학해 의학박사 학위와 인류학박사 학위를 받았다. 그 뒤, 하버드대학교 의과대학 안의 주요 보직을 거쳐 세계보건기구WHO에서 일하기 시작했다. 그가 원하던 가치의 실현을 위해 본격적인 행보를 시작한 것이다. 2005년 그는 〈US News & World Report〉가 뽑은 "미국의 최고 지도자 25인"에 이름을 올렸으며, 2006년에는 〈타임〉이 선정한 "세계에서 가장 영향력 있는 100인"에도 이름을 올렸다. 그러나 그의 이름만 입력하면 인터넷에 줄줄이 뜨는 화려한 이력이 그를 말해주지는 못한다. 그는 하버드대학에서 의학박사 학위를 받기 훨씬 전부터 가난한 나라의 질병 퇴치에 눈을 떴다.

김용은 나와의 인터뷰에서 이렇게 말했다. 자신의 성취는 "행운"이었다고, 이 세상에 태어나서 정말 많이 "받았다"고.

지구상의 가장 어려운 문제는 무엇일까? 김용은 이를 인류가 질병으로부터 받는 고통에서 찾았다. 그 바탕에는 한국 역사가 받은 고난에 대한 감수성도 크게 작용했을 것이다.

이런 생각으로 살아온 그는 "이 세계를 위한 나의 책임은 뭘까? 뭘 해야 할까?"라는 질문을 항상 지니고 살게 되었고, 이런 결론에 다다랐다.

"내가 남들보다 잘할 수 있는 것으로 지구상의 가장 어려운 문제를 해결해보자."

결핵과 에이즈 퇴치는 이와 같은 고민에서 출발한 사업이다. 이런 고민은 값싼 '동정'이나 가진 자로부터 없는 자에게로 내려가는 흐름이 아닌, 동시대 지구에 사는 인간세계에 대한 "공감"에 바탕한 것이었다.

김용은 세계보건기구 에이즈국장으로 임명된 후 중저소득 국가의 에이즈 퇴치를 위한 운동을 급격하게 확장시켰으며 2007년까지 약 300만 명에 가까운 사람들이 결핵, 말라리아 등의 질병에서 살아남을 수 있도록 하는 성과를 이뤄냈다.

공감이 쌓여 긍정적인 목적에 쓰이면 아주 강한 힘을 발휘할 수 있다. '뭔가를 해봐야겠다, 아마 턱없이 부족할지도 모르지만 어떻게 도와야 할지 모르지만, 아무튼 도와야겠다.' 김용은 이런 생각을 가진 사람들은 보다 가능성이 있는 사람들이라고 말한다. 진정한 공감이 사람을 움직이는 원천이라고 생각하기 때문이다. 그는 자신이 생각하는 대로 말한 것이 아니라 행동해온 대로 말하는 것이다. 그는 생각을 실천했고, 그 과정에서 사유한 공감의 중요성에 대해 강조한다.

"공감"은 김용 총장이 가장 중요하게 생각하는 "마음 습관" 가운데 하나다. 이에 대해서는 2부 "김용의 마음 습관"에서 자세하게 다룰 것이다.

1장 가치관을 행동으로 옮기다

WHO에서
일하다

"지구상의 가장 어려운 문제." 김용은 이 문제를 인류가 질병으로부터 받는 고통에서 찾았다. 그 바탕에는 한국 역사가 받은 고난에 대한 감수성도 크게 작용했으리라.

김용은 〈파이낸셜타임스〉 기고문에서 자신이 "전쟁으로 고통받고 문맹률이 높았던 한국에서 태어났다"며 "한국이 세계경제와 결합하면서 가난한 나라에서 가장 역동적인 번영 국가로 탈바꿈하는 모습을 지켜봤다"고 말했다. 그는 이를 통해 "사회간접자본 및 학교·보건시설에 대한 투자가 개인의 삶을 어떻게 바꿀 수 있는지 지켜볼 수 있었다"며 이 과정에서 "경제성장이 보건·교육·공공재에 대한 투자 재원을 어떻게 만들게 되는지도 알 수 있었다"고 밝혔다.

김용의 말은 결코 수사가 아니다. 김용은 하버드대학의 의학도 시절부터 저소득층의 건강을 위한 비영리기관인 Partners In Health를 설립하는 데 앞장섰고, 이후에 PIH의 이사장을 역임했다. 그들의 활동은 아이티, 페루, 러시아, 르완다, 레소토, 말라위 같은 저개발국에만 국한되지 않았다. 미국에서의 활동은 특히 다양한 계급과 인종에 파고들었는데 이때 인류학을 바탕으로 한 '인간에 대한 이해, 문화에 대한 이해'가 큰 힘이 되었다고 했다.

하버드대학교에서 의대 교수로 재직하고 하버드대학교 의과대학의 국제보건·사회의학과장으로 근무할 때도 결국 그의 관심과 열정은 의학의 사회적 사용의 측면으로 돌아갔다. 약 20년 동안 김용은 저개발국의 보건 발전 영역에서 전문가로 활동했는데 이때 학교, 의료 일선, 행정 기구 등 다양한 경험을 한 독보적인 경력을 쌓게 되었다.

김용은 지명 후 미국 재무부 홈페이지에 올린 성명서에서 "가난한 사람에게 더 많은 기회를 제공하고 경제성장을 담보하는 목적을 위해 엄격함과 객관성을 가져올 것"이라고 확인했다. 더불어 그는 "나는 한국에서 태어나 미국에서 자랐으며 몇 개 대륙에서 일해왔다"며 "세계은행의 임무를 더 나은 방향으로 진전시킬 수 있는 공감대를 형성하기 위해 글로벌 리더십을 활용하겠다"고 밝혔다.

특히 2004년부터 2006년에 걸쳐 세계보건기구에서 일했던 당시의 경험은 그의 전문성을 더욱 굳혀주었다. 그는 세계보건기구의 에이즈국장으로 재직할 당시, 폐결핵 전문가로서 여러 국제 위원회장직을 또한 담당했다. 세계보건기구 에이즈국장으로 임명된 후 중저소득 국가의 에이즈 퇴치를 위한 운동을 급격하게 확장시켰으며, 2007년까지 약 300만에 가까운 사람들이 결핵이나 말라리아 등의 질병에서 살아남을 수 있도록 하는 성과를 이뤄냈다.

이것이 바로 "저개발국들의 경제개발 지원"을 주요 사업 목표로 하는 세계은행의 총재 자리에 지명된 직접적인 배경이라 볼 수 있다.

1장 가치관을 행동으로 옮기다

〈AP통신〉 등은 "의사 출신(하버드대학교 의과대학 교수)인 김 총장이 세계은행의 최고 책임자로 발탁된 것은 놀라운 소식"이라며, "김 총장은 이미 국제기구에서 행정 능력을 인정받았으며 의료계에서도 뛰어난 업적을 이룬 인물"이라고 평가했다.

　또 "김 총장이 세계은행 총재를 맡을 경우 개발도상국들에 대한 지원이 확대될 것으로 예상돼 이들 국가가 세계은행에 갖고 있던 불만도 다소 해소될 수 있을 것"이라고 덧붙였다. 외신들에 따르면, 오바마 대통령은 로버트 졸릭 세계은행 총재가 사의를 표명한 지난 2월 이후 각계 인사 10여 명을 신임 총재 후보에 올려놓고 숙고해왔다고 알려졌다. 이 과정에서 오바마가 최종적으로 김 총장을 선택한 것은 그가 국제기구에서 폭넓은 경험을 했으며, 에이즈와 결핵 퇴치를 위해 적극적으로 노력하는 등 저개발국가의 지원사업에 많은 노력을 기울여왔기 때문이라는 것이 설득력 있는 설명으로 보인다.

　김용 또한 자신이 지명된 이유를 정확히 알고 있었으며, 그는 지명 후 미국 재무부 홈페이지에 올린 성명서에서 "가난한 사람에게 더 많은 기회를 제공하고 경제성장을 담보하는

김용은 〈US News & World Report〉가 뽑은 "미국의 최고 지도자 25인"과 〈타임〉이 선정한 "전 세계에서 가장 영향력 있는 100인"에도 이름을 올렸다. 그러나 그의 이름만 입력하면 인터넷에 줄줄이 뜨는 화려한 이력이 그를 말해주지는 못한다. 그는 하버드대학에서 의학박사 학위를 따기 훨씬 전부터 가난한 나라의 질병 퇴치에 눈을 떴다.

목적을 위해 엄격함과 객관성을 가져올 것"이라고 확인했다. 더불어 그는 "나는 한국에서 태어나 미국에서 자랐으며 몇 개 대륙에서 일해왔다"며 "세계은행의 임무를 더 나은 방향으로 진전시킬 수 있는 공감대를 형성하기 위해 글로벌 리더십을 활용하겠다"고 밝혔다.

그는 그동안 세계은행이 원래의 설립 취지에서 벗어나 있다는 비난에 대한 인식 위에 새로운 방향성 설정을 천명한 것이다. 과거 세계은행은 주로 개발도상국의 도로·항만 건설 등 경제개발에 차관을 지원했다. 다섯 살에 떠나오긴 했지만 김용의 고향 한국은 대표적인 세계은행 수혜국 가운데 하나였다. 영동고속도로, 서울·부산·대구 지하철, 부산·묵호항 등도 세계은행 차관으로 건설되었다. 그는 세계은행의 수장이 되면 자신이 세계은행을 어느 방향으로 운전해야 하는지 알고 있다. 지명된 후 그가 낸 성명서에서도 그는 세계은행의 '개혁' 카드를 먼저 꺼내들었다.

닥치고, 정품의 5퍼센트 가격!
닥치고, 복제약!

1990년대 페루의 수도 리마에서 악성 결핵이 창궐했을 당시, 세계보건기구도 속수무책인 상황에 처했다. 치료제가 너무 비쌌기 때문

1장 가치관을 행동으로 옮기다

이다. 하버드대학교 의대 교수였던 김용은 복제약 도입을 제안했다. 그러나 세계보건기구는 당장 재원을 마련할 방법이 없고, 사업 타당성을 검토하는 데 시간이 걸린다며 난색을 표했다. 그러나 김용은 결국 오리지널 치료제보다 95퍼센트 싼 복제약을 대량으로 들여와 결핵을 퇴치하는 데 결정적인 공을 세웠다.

평범한 대학 교수가 아니라, 행정적인 돌파력까지 인정받은 셈이다. 김용은 2004년 세계보건기구 에이즈국장에 취임한 이후 300만 명의 아프리카 빈민 환자에게 에이즈 치료제를 공급한다는 "3-5 계획"을 발표했다. 주변에선 '비현실적인 탁상공론'이라고 비웃었다. 그러나 원칙만 고집하며 움직이지 않던 탁상공론은 오히려 김용을 비난하던 자들이 보여준 형국이 되었다. 실제 결과치로 그가 옳았음을 보여준 것이다. 현재 그의 프로그램에 따라 700만 명의 아프리카 에이즈 환자가 치료를 받고 있다.

> 질병들은 가난한 나라에서 주로 발생할 뿐 아니라 그 나라에서도 가장 가난하고 힘없는 사람들한테서 발생한다. 빈국에서도 가장 못사는 사람들에게는 질병을 치료할 돈도 없고, 이들 가까이에는 의사와 병원도 태부족인 상태다.

무모해 보이기까지 한 이런 계획을 실행에 옮길 수 있었던 데에는 동료 의사 폴 파머와 함께한 저개발국에서의 경험이 큰 영향을 미쳤다. 현장 활동을 통해 PIH 사람들이 다다른 결론은 대략 이런 것이다.

세계은행은 주로 개발도상국의 도로·항만 건설 등 경제개발에 차관을 지원했다. 다섯 살에 떠나오긴 했지만 김용의 고향 한국은 대표적인 세계은행 수혜국 중 하나다.

폴 파머에 따르면, 유아사 망률뿐만 아니라 암 발병률, 흡연율, 우울증 발병률, 자살 률, 심지어 교통사고 사망률마저 사회경제적 약자들에게서 높게 나타난다. 에이즈, 폐렴, 콜레라 같은 질병도 마찬가지다. 이런 질병들은 가난한 나라에서 주로 발생할 뿐 아니라 그 나라에서도 가장 가난하고 힘없는 사람들한테서 발생한다. 빈국에서도 가장 못사는 사람들에게는 질병을 치료할 돈도 없고, 이들 가까이에는 의사와 병원도 태부족인 상태다. 죽음은 평등하다고 하지만, 요람에서 무덤까지 불평등은 지속된다. 이런 불평등은 우연히 일어나지 않는다. 현대 의료기술은 사회경제적 약자들이 겪고 있는 질병을 충분히 치료할 수 있는 수준에 도달해 있지만, 돈을 가지고 질병 치료 영역에서도 예방 영역에서도 사람을 차별하고 있다. 여기서 나타나는 불평등, 인권침해는 사회구조에 밀접하게 연관되어 있다는 것이다.

김용과 PIH의 동료들은 전염병학적 지도를 그려보았다. 질병 사망의 원인 그리고 희생자 수와 연령 등에 관한 통계 자료를 바탕으로 그려진 이 지도를 아주 단순하게 표현하면 딱 두 가지 색으로 대비된다. 곧 "무병장수를 누리다가

노환으로 세상을 뜨는 행복한 임종의 집단" 대 이들에 비해 "10~40년 일찍 세상을 뜨며 사는 동안 병을 달고 사는 집단"만 표시된다. 서로 극명한 대비를 이루는 색깔로 나타낼 수 있는 이 두 부류를 가르는 선을 김용의 동료인 파머는 광대한 에피 디바이드(the great epi divide[epi=epidemiological])라 부른다. 에피 디바이드는 같은 나라 안에서도 그들을 극명하게 갈라놓고 상식이나 통념까지도 뒤집는다. 예를 들어 최고 수준의 의료기관인 미국 보스턴의 브리검여성병원에 인접한 빈민가의 영아 사망률은 쿠바보다 높다.

세계보건기구는 당장 재원을 마련할 방법이 없고, 사업 타당성을 검토하는 데 시간이 걸린다며 결핵치료제 지원에 난색을 표했다. 그러나 김용은 결국 오리지널 치료제보다 95퍼센트 싼 복제약을 대량으로 들여와 결핵을 퇴치하는 데 결정적인 공을 세웠다.

에피 디바이드를 통해 들여다보면 보건환경이 열악한 곳에 사는 대부분의 인구가 유색인종에 여성들이다. 가난하다고 질병을 치료할 기회조차 없이 방치되는 현상을 김용과 그의 친구들은 그저 앉아서 볼 수만은 없었다. 의사가 찾아오는 환자만 보면 된다고? 그렇지 않다. 인류의 질병을 치료함에 있어 근본적인 대책을 고민하는 것도 의사로서, 혹은 보건행정 전문가로서 담당해야 할 의무라고 생각한 것이다.

20세기 말까지 결핵은 매년 200만에 달하는 생명을 앗아갔는데, 이보다 많은 수의 성인을 죽음으로 내몬 질병은 에이즈뿐이다. 그리고 결핵과 에이즈가 결합하면 더욱 끔찍한 결과가 나온다.

그런 점에서 김용은 폴 파머와 함께 결핵에 대한 임상 경험을 에피 디바이드의 윤곽, 원인, 영향 들을 보여주는 사례로 삼았다.

무엇보다 결핵은 치료를 받되 제대로 받아야 한다. 결핵 치료제는 6~8개월에 걸쳐 꾸준히 복용해야 하지만 일단 약물치료를 잘 받기만 하면 완치될 확률이 거의 100퍼센트에 이른다고 한다. 부유한 지역에서라면 이 약값이 문제되지 않는다. 그러나 라틴아메리카나 아프리카는 사정이 다르다. 20세기 말까지 결핵은 매년 200만에 달하는 생명을 앗아갔는데, 이보다 많은 수의 성인을 죽음으로 내몬 질병은 에이즈뿐이다. 그리고 결핵과 에이즈가 결합하면 더욱 끔찍한 결과가 나온다.

오늘날 부유한 지역에서는 결핵이 더 이상 위험한 질병도 아니고 돈이 되는 질병도 아니기 때문에 선진국의 결핵치료제 개발은 사실상 중단된 상태다. 오늘날 전 세계 인구의 3분의 1 혹은 약 20억 명이 결핵균 보균자이고, 특히 에이즈로 고통받고 있는 사람들에게 잠복 중인 결핵균은 치명적인 상황으로 돌변할 확률이 10퍼센트를 훨씬 뛰어넘는다고 한

죽음은 평등하다고 하지만, 요람에서 무덤까지 불평등은 지속된다. 이런 불평등은 우연히 일어나지 않는다. 현대 의료기술은 사회경제적 약자들이 겪고 있는 질병을 충분히 치료할 수 있는 수준에 도달해 있지만, 그들은 질병 치료 영역에서도 예방 영역에서도 사람을 차별하고 있다.

1장 가치관을 행동으로 옮기다

다. 이런 형편에 '효용성'이나 '비용'을 들먹이며 약값 타령만 하고 있을 수는 없지 않겠는가.

더욱이 치료를 하다가 중단한 결핵 환자들, 특히 김용이 경험한 페루 빈민가의 결핵 환자들은 약을 먹었다 끊었다 하는 사이에 돌이킬 수 없는 지경에 이른다. 곧 다제내성 결핵의 덫에 걸려드는 것이다.

한 의학 전문지에 따르면 "결핵은 결핵균에 의해 감염되어 발생하는 질환을 통칭하며 폐, 림프절, 흉막, 뼈, 심낭 등 다양한 장기에 침범할 수 있다. 이 가운데 폐에 감염되는 폐결핵의 빈도가 가장 높다. 결핵은 인류 역사상 가장 오래된 질환 중 하나이며 오랫동안 인류를 괴롭혀왔다. 우리가 잘 아는 카프카나 나이팅게일, 헨리 8세, 조지 오웰 등 많은 역사적 인물들이 결핵으로 사망했다. 1950년대 이전 치료제가 없던 시절에는 결핵 환자 중 3분의 2가 사망했고, 생존자들에게는 많은 후유증을 남겼다. 현재 치료 성적은 과거와 비교할 수 없이 향상되기는 했지만 누적 통계를 보면 단일 질환으로는 현재까지도 사망 환자수 1위인 질병이다. 다제내성 결핵이란 결핵 치료에 가장 중요한 약제인 아이소니아지드^{Isoniazid}

오늘날 부유한 지역에서는 결핵이 더 이상 위험한 질병도 아니고, 돈이 되는 질병도 아니기 때문에 선진국의 결핵치료제 개발은 사실상 중단된 상태다. 그러나 전 세계 인구의 3분의 1 혹은 약 20억 명이 결핵균 보균자이고, 특히 에이즈로 고통받고 있는 사람들에게 잠복 중인 결핵균은 치명적인 상황으로 돌변할 확률이 10퍼센트를 넘는다.

김용은 PIH에서 25년 동안 일하면서 세계보건기구와 공동으로 전 세계 40여 개국에 이 치료 프로그램을 제공했다. 그 공로를 인정받아 2004년 세계보건기구 에이즈국장으로 발탁됐고, 이곳에서 3년 동안 일하면서 전 세계 에이즈 환자 100만 명 이상을 구해냈다.

와 리팜핀Rifampin에 모두 내성인 결핵을 말한다. 이렇게 따로 다제내성 결핵을 정의하는 이유는 이 두 가지 약제에 모두 내성을 가지게 될 경우 치료 기간이 6개월에서 최소 18개월로 늘어나게 되며 치료 성공률도 떨어져 치료가 힘들어지기 때문이다."

이것이 바로 김용이 행정가로서 정면 돌파를 시도한 지점이다. 복제약은 오리지널 제품의 5퍼센트 가격으로 공급할 수 있다. 선진국에게는 아무것도 아닌 값싼 결핵약이 저개발국 환자에게는 "마지막 희망이다. 그렇다면 복제약을 공급하겠다!" 타협할 수 없는 돌파구 앞에서 김용은 이처럼 정면 승부를 선택했다. 세상의 역사는, 아니 거창하게 역사를 들이대지 않더라도 세상의 진정 좋은 일은 이런 소수의 헌신과 결단에 의해 이루어지는 것이다.

저소득층이 담배 끊기를 원한다면 그들에게 삶의 희망을 주라!

김용은 1987년 폴 파머 하버드대학교 의대 교수 등과 함께 의료봉사기구인 파트너스인헬스PIH를 설립했다. 아이티, 페루, 러시아, 르완다, 멕시코 등 세계 여러 곳에서 가난한 사람들의 치료 기준을 향상시키기 위해 헌신해왔으며, 동료들과 함께 가난한 지역에 창궐하는 후천성면역결핍증과 다제내성 결핵 등의 전염성 질환에 대응해서 지역사회에 기반을 둔 치료 원칙을 개발했다.

복지의 기본은 의료다. 건강권은 기본적인 인권임을 잊어서는 안 된다. 하지만 오늘날 신자유주의 논리에 휘둘리는 국가가 비용 효율성을 내세울 때, 과연 국민의 건강권이 지켜질 수 있을까?

지역사회에 기반을 둔 치료 원칙이란 현지인과 현지 문화, 현지의 사정을 충분히 고려할 때에만 세울 수 있는 것이다. 인간에 대한 이해를 무엇보다 중요한 방법론으로 치는 김용의 태도를 엿볼 수 있는 대목이다. 이 태도는 자연스럽게 보건과 인권, 그리고 불평등한 사회가 질병의 확산에 미치는 영향에 관해 심사숙고하게 만들었다.

김용은 의사이자 인류학자로서의 전문성을 활용해 가난한 병자들을 만나면서, 현대사회의 경제적 과학적 발전에도 불구하고 그 발전의 산물을 같이 향유하지 못하는 사회적 약자들의 처지에 공감하려는 노력을 계속하고 있다. 이러는 사이에 오늘날 주류를 이루고 있는 의학 담론에 대한 비판 의식이 날카로워지지 않을 수 없었다.

김용의 절친한 벗이자 동지인 폴 파머도 〈권력의 병리학〉에서 의료윤리와 건강권이 사회적 책임을 어떻게 벗어던졌는지, 오늘날 인권 운동이 인권 문제의 어느 핵심을 놓치고 있는지, 신자유주의가 어떤 방식으로 권력을 시장에 넘기는지, 의료 민영화는 어떤 방식으로 건강권마저 이윤 추구의 도구로 이용하는지 들을 조목조목 비판했다.

김용과 그의 동료들이 보기에 이런 흐름은 당장 도움이 필요한 사람들을 생각하기보다는 비용-효율성의 논리에 바탕한 접근법이다. 국제기구의 관료들이나 권력자로부터 나온 이 접근법은 사회경제적 약자의 질병을 치료할 수도 없고 병마에 시달리는 사람의 고통을 경감할 수도 없으며, 기본적인 생존권도 보장할 수 없다.

김용의 친구이자 동지인 폴 파머가 보기에는 '가난한 사람들을 최우선으로 하는 접근법'이 그 대안이다. 중립성, 비용 효율성에 기반을 둔 주류 의료 관행과 정책 결정이란 사회적 책무를 포기하고 사회구조의 모순을 은폐하기 위한 수단일 뿐이다.

복제약은 오리지널 제품의 95퍼센트 싼 가격으로 공급할 수 있다. 값싼 결핵약이 저개발국 환자에게는 "마지막 희망이다. 그렇다면 복제약을 공급하겠다!" 타협할 수 없는 돌파구 앞에서 김용은 정면 승부를 선택했다. 세상의 역사는 소수의 헌신과 결단에 의해 이루어진다.

누가 가장 병에 많이 걸리는가? 동서고금을 따질 것도 없이 가난한 사람들이다. 어디서 질병이 창궐하는가? 가난한 나라와 빈민가다. 가난한 사람들은 병원균이나 병을 일으킬 만한 열악한 환경에 더 많이 노출된다. 병이 나더라도 치료를

1장 가치관을 행동으로 옮기다

받을 기회는 부자에 비해 턱없이 모자란다. 의료 시스템은 예를 들어 이윤이 많이 남지 않는 결핵 치료제 생산에 무관심하다. 그러므로 의학은 질병과의 싸움이기도 하고 가난과의 싸움이기도 하고 사회 모순과의 싸움이기도 하다. 게다가 '국가권력'도 다시금 들여다보아야 한다. 국가는 기본적인 인권을 보장할 의무가 있다. 복지의 기본은 의료다. 건강권은 기본적인 인권임을 잊어서는 안 된다. 하지만 오늘날 신자유주의 논리에 휘둘리는 국가가 비용 효율성을 내세울 때, 과연 국민의 건강권이 지켜질 수 있을까?

의료윤리가 사회적 책임을 어떻게 벗어던졌는지, 인권 운동이 인권 문제의 핵심을 어떻게 놓쳤는지, 신자유주의가 어떤 방식으로 권력을 시장에 넘겼는지, 의료 민영화는 어떻게 건강권을 이윤의 도구로 이용했는지 조목조목 비판했다.

의료인이라면 제기된 여러 문제를 내 문제로 여기고 약자의 비명에 귀를 기울여야 하며, 잘못된 방향으로 가는 국가에 전문가로서 경고해야 한다. 이는 의료인의 당연한 의무이기도 하다.

이와 관련된 문제들은 한국에서도 마찬가지다. 한국의 건강 불평등을 조사한 한 의료인은 "만약 저소득층이 담배를 끊길 원한다면 그들에게 삶의 희망을 주라"고 지적한다.

금연은 의학의 관점에서, 의료인의 눈에 비추어 가장 간단하면서도 효과가 높은 '예방 활동'이다. 그리고 오늘도 흡연

자들은 담배를 끊지 못한다. 의료인이라면 흡연자가 담배를 피울 수밖에 없는, 흡연 너머의 진실에도 눈을 떠야 한다는 말이다.

폴 파머와 함께
PIH와 함께

아름다운 우정의 주인공, 관포지교의 주인공 관중과 포숙을 우리는 기억한다. "관자"로 후대가 높여 부르는 관중의 이름은 관이오이고, 대개는 관중이라는 자로 더 잘 알려져 있다. 관중은 춘추시대에 환공을 도와 제나라를 최고의 번영으로 이끈 명재상이자, 〈관자〉라는 책 속에서 춘추시대를 수놓은 명사로 그려지고 있다. 이 관중을 재상으로 발탁한 친구가 포숙아였다! 이들의 우정을 한마디로 일러 관포지교라 한다. 관중은 포숙아와 자신이 지내온 사이를 사마천의 〈사기〉 속에서 이렇게 표현했다.

김용은 1987년 폴 파머와 함께 의료봉사기구인 파트너스인헬스PIH를 설립했다. 그들은 아이티, 페루, 러시아, 르완다, 멕시코 등 세계 여러 곳에서 가난한 사람들의 치료 기준을 향상시키기 위해 헌신했다.

"젊어서 포숙아와 동업할 때 늘 이익금을 내가 더 많이 차지했으나 그는 나를 욕심쟁이라고 말하지 않았다. 내가 가난하다는 걸 알고 있었기 때문이다. 사업이 실패해 그를 궁지

1장 가치관을 행동으로 옮기다

에 빠뜨린 일이 있었지만 어리석다 여기지 않았다. 일에는 성패가 있다는 걸 알고 있었기 때문이다. 벼슬길에 나갔다가 물러나곤 했지만 무능하다고 하지 않았다. 내게 때가 오지 않았음을 알아서였다. 어디 그뿐인가. 싸움터에서도 도망친 적이 한두 번이 아니었지만 겁쟁이라고 하지 않았다. 내게 노모가 계시다는 걸 알고 있었기 때문이다.”

관중은 이렇게 말한 뒤 “생아자부모, 지아자포숙아生我者父母 知我者鮑淑牙”, “나를 낳아 준 분은 부모지만 나를 알아준 사람은 포숙아다”라는 말로 끝을 맺는다. ‘나를 알아주는 일!’ 이렇게 멋진 우정이 바로 관포지교管鮑之交다!

김용과 폴 파머는 관포지교의 미국판이자 현대판이라 할 만하다. 그 둘은 동갑이고, 함께 하버드대학교에서 의학을 공부했다. 전공마저 똑같아 두 사람 모두 의료인류학을 공부했다. 이는 의학을 현지 문화와 생활습관에 접목시켜 의학의 효율성을 높이려는 새로운 방법론이다. 복수전공이었던 김용은 의대 입학 6년 만에 의사자격MD을 땄고, 박사학위Ph.D를 취득했다. 1987년에는 두 사람이 관포지교로 의기투합해 의료구호단체인 PIH를 설립해 이상을 펼쳐보려 했지만, 자본금과 인적 자원이 거의 없는 상태에서 만만한 일이 결코 아니었다. 수익은커녕 돈을 쓰기만 하는 사업에 투자자가 나설 리 없었다.

그러나 이들은 자신들이 내세운 진심 하나로 선량하고 헌신적인 독지가들을 만나게 된다. 그들의 도움으로 두 사람은 먼저 아이티에서 결핵 퇴치에 나섰다. 아이티에서만 1990년대까지 10만 명 이상의 결핵 치료를 위해 헌신했다.

누가 가장 병에 많이 걸리는가? 동서고금을 따질 것도 없이 가난한 사람들이다. 어디서 질병이 창궐하는가? 가난한 나라와 빈민가다. 가난한 사람들은 병원균이나 병을 일으킬 만한 열악한 환경에 더 많이 노출된다. 병이 나더라도 치료를 받을 기회는 부자에 비해 턱없이 모자란다.

이들은 치료법만 개발한 게 아니다. 시스템에 눈뜬 영민한 이 젊은이들은 미국 병원에서는 2만 달러에 달하는 약품을 아이티에서는 200달러에 제공하도록 했다. 약품 비용을 대폭 낮춰 많은 사람이 혜택을 볼 수 있게 한 것이다.

특히 김용은 PIH에서 25년 동안 일하면서 세계보건기구와 공동으로 전 세계 40여 개국에 이 치료 프로그램을 제공했다. 그 공로를 인정받아 2004년 세계보건기구 에이즈국 국장으로 발탁됐고 이곳에서 3년 동안 일하면서 전 세계 에이즈 환자 100만 명 이상을 구해냈다.

이들은 도대체 어떤 생각으로 돈도 되지 않고, 권력도 쥘 수 없는 데서 분투할 수 있었을까? 폴 파머의 입을 빌려보자.

"언제 어디에나 치료를 받지 못하는 환자들이 있거든. 난 그걸 도저히 참을 수가 없어요. … 환자들에게 우유나 손톱깎

1장 가치관을 행동으로 옮기다

이나 건포도, 라디오, 손목시계 등을 갖다 주기 위해서 다섯 시간 하이킹을 해야 한다면 그렇게 해야 한다고 난 생각합니다. … 신은 인간이 풍요롭게 사는 데 필요한 모든 것을 주시나 그것을 나누는 일은 그의 책임이 아니라 바로 인간의 책임입니다. … 패배하는 이들에게 등을 돌려야만 이길 수 있다면 그런 승리는 쟁취할 가치가 없습니다. 그래서 우리는 기나긴 패배와 싸우는 겁니다."

_트레이시 키더, 〈산 넘어 산Mountains beyond Mountains〉 (한국어판: 박재영/
김하연 옮김, 〈작은 변화를 위한 아름다운 선택〉, 황금부엉이, 2005).

하버드대학교 의대에서 박사학위를 두 개나 가졌고 하버드대학교의 교수로 미국 정부와 국제기구를 상대하는, 대접과 특혜에 익숙할 것만 같은 이들의 '거룩한' 이상은 오히려 많은 이들에게 오해를 사곤 했다. 비정상이 너무 많아 정상인을 비정상인처럼 여기는 것처럼 말이다. 한 예로, 페루에서 활동할 당시 이만한 배경을 가진 이들이 자국의 빈민가를 돌아다니는 진심을 믿을 수 없었던 페루 보건 관리는 이렇게 비아냥댔다.

"김용과 폴 파머는 '메디코스 아벤투레로스'다."

김용과 폴 파머는 자신들이 내세운 진심 하나로 선량하고 헌신적인 독지가들을 만나게 된다. 그들의 도움으로 두 사람은 먼저 아이티에서 결핵 퇴치에 나섰다. 아이티에서만 1990년대까지 10만 명 이상의 결핵환자 치료를 위해 헌신했다.

곧 모험을 즐기는 의사, 그러니까 심심해서 익스트림 스포츠에 몸을 담는 기분으로 가난뱅이들을 방문해 일종의 오지 트래킹을 즐기고 있는 팔자 늘어진 자들이라고 비꼬기도 했던 것이다. 실제로 이들을 고깝게 본 페루 당국은 초반에는 이들을 추방하겠다고 으름장을 놓기도 했다. 그러나 역시, 이때도 두 친구는 영민했다. 부패관리와 다툴 이유가 없지 않은가.

그들에게는 오직 하나, 질병으로 고통 받는 이들의 해방, 가난해서 치료 받지 못하는 사람들의 고통을 더는 일이 가장 중요할 뿐이었으니까.

현지에서의 생활, 주민과의 교감은 신망 높은 그곳 신부님과 수녀님께 기대면 되었고, 현지 관리는 정부의 더 높은 관리나 국제기구를 통해 상대하면 그뿐이었다.

이들은 해야 할 일 앞에서 현지 관리를 냉정하게 상대하는 행정가의 역할도 사양하지 않았다. 가난한 인류의 질병 치료를 위한 의사였으며, 동시에 가난과 질병의 실질적 대응에 나서는 행정가이자 전략가였다. 말 그대로 행동하는 지성이고 실천가였다. 너무나 당연한 일이지만 그 당연한 일이 흔히 일어나지 않는 세상에서 따뜻한 심장을 겸비한 김용의 이런 면모는 돋보이는 것이다.

이들의 활동은 어느새 아이티, 페루, 아프리카, 러시아,

1장 가치관을 행동으로 옮기다

미국의 취약 지역으로 넓혀졌다. 현지 문화와 특수한 사회적 맥락에 알맞은 의료 모델을 만들어주고, 현지인을 훈련시켜 관리 책임을 맡긴 사업은 곧 그 업적을 인정받게 되었다. PIH의 성공 스토리가 널리 알려지자 세계보건기구가 이 모델을 채택하기에 이른 것이다.

김용은 조직에서 특별히 공명심을 떨치는 편이 아니었다. 겸손한 성품의 김용은 조직의 장 역할과 막후 지원의 역할 분담을 잘 파악하고 자기 역할에 언제나 최선을 다하는 것이 몸에 배어 있는 인물이었다.

페루의 빈민촌에서

지금부터 김용, 폴 파머를 비롯한 PIH의 활동을 취재한 르포르타주 〈산 넘어 산〉을 통해 김용의 의료 봉사 분투기를 살펴보자.

김용이 페루의 빈민촌 카라바이요와 인연을 맺게 된 것도 관포지교를 나눈 폴 파머 덕분이었다. 김용의 절친한 벗, 폴 파머는 의대생 시절 보스턴의 궁핍한 동네의 성 메리 성당 처마 밑에 위치한 바에서 하숙 생활을 한 적이 있다. 이때 성당의 행동파 잭 루시 신부와 인연을 맺었다. 잭 루시 신부는 깡패들 사이에도 서슴없이 들어가 패싸움을 중재하고, 마약 거래 근절 운동을 벌이고, 주정부의 사회복지 예산에 항의하는 시위를 주도하는 등 한마디로 행동파 신부였다.

잭 신부는 1990년대 초반 카라바이요의 성당으로 자리를 옮겨갔고, 이때 김용과 폴 파머도 자연스럽게 PIH의 활동을 그리로 가져가게 되었다. 잭 신부의 제안에 처음 적극적으로 나선 사람은 김용이었다. 김용은 PIH에서 기꺼이 친구를 도와 "부사령관" 업무를 수행했다. 지금은 김용이 다트머스대학교 총장으로, 또 세계은행 총재 지명자로서 수장의 자리에 있지만, 그 시절 김용은 조직에서 특별히 공명심을 떨치는 편이 아니었다. 김용은 조직의 장 역할과 막후 지원의 역할 분담을 잘 파악하고 자기 역할에 언제나 최선을 다하는 성품이 몸에 배어 있는 인물이었다.

김용이 PIH에서 "부사령관" 역할을 했다고는 하지만 PIH의 한 일원은 그 부사령관이라는 것이 실은 "바야꾸", 즉 크리올어로 "똥 치우는 사람"이라고 했다. 말하자면 궂은일을 도맡아 하는 사람이라는 이야기다.

김용은 조직을 위해, 단체의 장인 폴 파머의 업무 보조를 위해 기꺼이 사무실에서 전화를 받고 의약품 및 의료기기를 구입하는 잔심부름을 했으며, 사업 보조금 응모를 위한 제안서를 작성했다. 폴 파머가 이동할 때에는 반드시 목적지에 제시간에 도착하도록 점검하고

김용은 현지 관리를 냉정하게 상대하는 행정가의 역할도 사양하지 않았다. 가난한 인류의 질병 치료를 위해 헌신하는 의사였으며, 동시에 이에 효과적이고 실질적으로 대응하는 행정가이자 전략가였다. 말 그대로 행동하는 지성이고 실천가였다.

1장 가치관을 행동으로 옮기다

배려하는 보좌 역할도 했다.

김용이 결국 페루에서 직접 사령관으로 나서야 했을 때 그는 빈민촌 카라바이요에 지역 보건 시스템을 구축하기 위해 노력했다. 또 수도 리마에는 그에 걸맞은 시스템을 만들기 위해 노력했다. 이때는 페루 안에서 후지모리 전 대통령의 부패와 이에 맞서는 반정부 게릴라 사이의 갈등이 최고조에 달했을 때였다. 김용은 그런 속에서도 미국에 다니러 간 잭 신부에게 편지를 썼다.

"세 권짜리 어학 테이프 교재를 구입했습니다. 가능한 한 빨리 스페인어를 배우려고 해요. 페루에 관한 책 가운데 좋은 것을 추천해주시겠어요?"

현지에 대한 이해! 현지인과 직접 대화! 그가 현지인을 위해 그들 속으로 들어가 일하려는 자세를 읽을 수 있는 부분이다. 그는 인류학을 공부만 한 것이 아니라 배운 바 대로 행동한 것이다. 그러나 그런 그에게도 좌절이 없었던 것은 아니다. 그가 신속한 약품 지원을 위해 카라바이요의 성당 옆에 약국을 지었는데, 이 약국이 그만 반군의 테러로 폭파되어 없어지고 말았다. 이때 김

폴 파머는 김용을 이렇게 위로했다. "짐, 카라바이요의 빈민들을 위해 일하는 것이 네 상처받은 자존심을 어루만지는 것보다 더 중요하다는 걸 기억해. 이런 걸 빈민을 위해 똥을 먹는다고 하는 거야."

현지 문화와 특수한 사회적 맥락에 알맞은 의료 모델을 만들어주고, 현지인을 훈련시켜 관리 책임을 맡긴 PIH의 사업은 곧 그 업적을 인정받게 되었다. PIH의 성공 스토리가 널리 알려지자 세계보건기구가 이 모델을 채택하기에 이르렀다.

용은 참을 수 없는 모욕감을 느꼈다고 했다. PIH가 다른 곳에 다시 약국을 짓긴 했지만, 이번만큼은 김용도 낙심하지 않을 수 없었다. 끝이 보이지 않는 투쟁 같았을 것이다. 나락에 빠진 사람을 돕고 싶어 손을 뻗어보지만 뻗치고 뻗쳐도 손이 닿지 않는 심정. 이때 옆에 있어준 친구 역시 폴 파머였다. 폴 파머는 김용을 이렇게 위로했다.

"짐, 카라바이요의 빈민들을 위해 일하는 것이 네 상처받은 자존심을 어루만지는 것보다 더 중요하다는 걸 기억해. 이런 걸 빈민을 위해 똥을 먹는다고 하는 거야."

김용이 PIH에서 "부사령관" 역할을 했다고는 하지만, PIH의 한 일원은 그 부사령관이라는 것이 실은 "바야꾸" 즉 크리올어로 "똥 치우는 사람"이라고 했다. 말하자면 궂은일을 도맡아 하는 사람이라는 이야기다.

김용은 파머의 위로를 있는 그대로 받아들였다. 조직에서 부사령관이라면 부사령관의 몫에서 최선을 다하고, 사령관으로서 일할 때도 주변의 위로를 왜곡 없이 받아들이는 열린 태도. 여기서 김용의 사람됨이 드러난다. 김용은 평소 대학생들에게 언제나 마틴 루터 킹 목사와 넬슨 만델라, 달라이 라마, 폴 파머의 책들을 읽어보라고 권한다. 김용이 생각하기에 이들이야말로 "월드 클래스 리더"들이기 때문이다. 리더들의 생각하는 방식, 문제를 대하는 태도 등을 통해 진

1장 가치관을 행동으로 옮기다

정한 리더십이 무엇인지에 대한 생각의 지평을 넓힐 수 있다
고 본 것이리라.

더 큰 세상으로
나아가다

페루에서의 경험을 통해 김용과
폴 파머는 더욱 가까워졌지만 서로가 다른 길을 보게 만들었
다. 김용은 자신과 폴 파머를 "배 다른 쌍둥이"라고 말하곤
한다. 그러나 김용은 폴 파머와는 달리 페루에서의 경험을
통해 보다 큰 기획, 국제기구, 거대 제약회사의 횡포, 저개발
국에 공급되는 약값의 통제에 관심을 기울이게 되었다. 피라
미드 위쪽의 '보이지 않는' 거대한 손부터 실질적인 개혁이 필
요하며, 그것만이 가장 큰 실행력을 갖는다고 생각했다. 말
하자면 근원적인 해결책을 찾는 데에 관심을 갖기 시작한 것
이다. 아이러니컬하게도 배다
른 쌍둥이 형제 폴 파머는 저
개발국의 상황 속에서 생각을
벼리던 때였다.

> 나는 한번도 내가 어떤 자리에 오르거나 어
> 떤 사람이 될 것인가에 관심을 두지 않았습니
> 다. 늘 '내가 무엇을 해야 하는가'에 관심
> 을 두었습니다.

"자신이 인도적이라고 인정받기를 원하는 사람이라면 누
구나 세계화되고 과학이 발달한 이 시대에 아프고 가난하다

는 것이 무엇을 의미하는지에 대해 성찰해보아야만 한다. …
신자유주의는 일반적으로 경쟁에 기반을 둔 시장 모델의 우
위를 지지하는 사조를 가리킨다. 이 이론은 사회 속에 개인
들을—개인들이 실제로 고려되기라도 한다면—자율적이고
합리적인 생산자와 소비자로서, 무엇보다도 경제적 혹은 물
질적 관점에서 판단하는 존재로 가정한다. 그러나 이 사조는
현실 세계에서 경제를 왜곡시키고 있는 사회-경제적 불평등
에 대해서는 아무런 설명도 하지 못한다. … 해방신학은 다
음과 같은 질문을 끊임없이 던진다. 이것은 가난한 자들의 고
통과 어떤 관계가 있으며, 그 고통을 경감시키는 데에 어떤
영향을 주는가? 따라서 다른 대부분의 사회 분석들과는 달
리, 해방신학의 주된 관심은 가난한 자들에 대한 섬김이라는
주제로 연결된다."

_폴 파머 어록 2_폴 파머, 〈권력의 병리학〉, 후마니타스, 2009년

이처럼 폴 파머의 머릿속이 당위의 문제로 복잡해지는
동안, 김용은 당장 똥 치우기에 매달리는 것보다 좀더 거대한
기획이 더 많은 행복을 가져올 수 있지 않을까 하는 생각으로
기울게 된 것 같다.

PIH가 의료계와 미국, 세계와 세계보건기구의 주목을
받게 된 뒤, 드디어 김용에게 더 큰 기회가 왔다. 2004년 세

1장 가치관을 행동으로 옮기다

계보건기구 에이즈국장을 맡게 된 것이다. 물론 세상의 기준으로 본다면 김용의 이러한 승승장구가 지위의 승진으로 해석될지 모르나 김용에게는 해야 할 일을 할 수 있는 권한을 더 갖게 되는 과정으로 해석되지 않았을까. 실제 이 과정에서 가장 두드러진 그의 행적은 권력투쟁이 아니라 가난한 나라 사람들의 질병 퇴치를 위한 노력이었다. 라틴아메리카에서 저개발국가의 경험을 생생하게 겪은 사람에게 어디의 사령관, 부서장 따위는 그리 중요한 문제가 아니리라. 앞서 말한 대로 김용은 약값을 내릴 수 있는 방법을 마련해 가난한 나라에 사는 사람들의 병을 광범위하게 고칠 수 있는 길을 여는 데 모든 열정을 쏟았다. 이런 그의 모습을 알아본 세상이 2006년 〈타임〉의 "세계에서 가장 영향력 있는 100인"에, 〈US 뉴스 앤 월드 리포트〉의 "미국의 최고 지도자 25인"에 올렸는지도 모른다. 존경받는 의사를 벗어나 자신의 이상을 현실화할 수 있는 힘까지 쥐게 된 그에게 성공 비결을 묻는 이들이 많았다. 그는 그때마다 이렇게 대답하곤 했다.

"나는 한번도 내가 어떤 자리에 오르거나 어떤 사람이 될 것인가에 관심을 두지 않았습니다. 늘 '내가 무엇을 해야 하는가'에 관심을 두었습니다."

이성적인 사람은 자신을 이 세상에 적응시키며 살아간다. 반면 비이성적인 사람은 세상이 자신에게 맞추라고 고집을 부린다. 아이러니하게도 인류의 발전은 비이성적인 사람이 주도한다.

그의 말대로라면 김용은 권력을 탐한 적이 없고, 어떤 자리를 얻기 위해 발버둥친 적이 없지만 할 일을 하다 보니 기회는 자연스럽게 온 것이다. 가장 뜻밖의 인연은 구호현장에서 맺은 빌 클린턴 전 대통령과의 만남이다. 김 총장은 하버드대학교 동창이자 아프리카·중남미 구호활동의 동지인 폴 파머와 아이티 가난 퇴치 활동을 꾸준히 벌여왔고, 이를 통해 클린턴과도 인연이 생겼다. 오바마가 세계은행 총재 인선으로 고민하자 클린턴이 부인인 힐러리 클린턴 국무장관을 통해 김 총장을 오바마에게 천거했다는 뒷이야기도 들려온다.

제이 카니 백악관 대변인은 2012년 3월 23일(현지 시간) 정례 브리핑에서 "김 총장을 만나 처음으로 세계은행 총재직을 제안한 사람은 클린턴 장관"이라며 "클린턴 장관과 가이트너 재무장관이 김 총장 안을 강력하게 지지한 것으로 안다"고 말했다. 가이트너는 다트머스대학 출신이다. 클린턴 전 대통령은 "짐 킴(Jim Yong Kim, 김용)은 내 친구인 파머와 함께 아이티에서 페루, 말라위까지 보건의료와 희망을 배달한 인물"이라며 "오바마는 탁월한 선택을 했다"고 말했다.

1장 가치관을 행동으로 옮기다

약값 10만 달러어치를 떼먹은
비이성적인 로빈 후드

앞서 소개했듯
이 "메디코스 아벤투레로스", 모험꾼 의사, 이것은 김용이 페루의 보건 관리로부터 얻은 또 하나의 별명이다. 좋은 의미의 '모험'보다는 비아냥과 빈정거림이 잔뜩 묻어 있는 말이다. 자국을 위해 딱히 진정으로 일하지 않는 한심한 관리가 멀리서 와서 진심으로 도와주는 사람도 알아보지 못한 채 붙여준 별명, 그러나 그런 별명이 객관적인 눈으로 바라보는 우리에게는 김용을 바라볼 또 하나의 단서를 제공한다.

오늘날 김용의 사진은 딱 점잖은 다트머스대학의 총장, 세계은행 총재 지명자만을 보여준다. 온화한 미소, 잘 정리된 두발, 깔끔한 수트, 빈틈없는 넥타이 매듭…, 그러나 맨주먹으로 PIH 같은 조직을 이끈 김용은 이런 강단도 있었다.

"지난 1990년대 초 보스턴의 브리검여성병원이 발칵 뒤집혔다. 하버드대학교 의과대학 교수가 약값을 무려 10만 달러어치나 떼먹은 '사건'이 발생한 것이다. 전말은 이랬다. 한 동양계 교수가 병원 약국을 찾아와 엄청난 양의 약을 주문했다. 교수는 신분증을 제시한 후 병원장과 아주 가까운 사이라며 직원을 안심시켰다. 브리검여성병원은 하버드 의대의 실습병원이기도 했다.

화술이 뛰어난 교수는 직원들을 구워삶았다. 그의 감언
이설에 깜빡 속아 넘어간 직원은 명함 한 장을 달랑 받고는
약을 그대로 내줬다. 다음 날 보고를 받은 병원장은 담당 직
원을 호되게 꾸짖고는 즉시 그 교수에게 전화를 걸었다. 그
러나 이미 그는 가난한 환자들을 치료하기 위해 남미 페루로
줄행랑(?)을 친 뒤였다. 약값을 몽땅 떼이게 된 병원장은 난
감했다. 하버드대학교 의대 학장이 달려와 상황을 설명했다.
자초지종을 전해들은 병원장은 그제야 껄껄 웃었다. '로빈 후
드가 따로 없네요. 감동입니다.' 약값 소동은 통 큰 병원장의
결단으로 없던 일이 되었다."

김용의 젊은 날의 꿈과 열정이 고스란히 깃
든 PIH에 대한 그의 말을 들어보면 내면에
소용돌이치는 자신감과 에너지를 날것 그대
로 드러낸 것임을 알 수 있다. "사람들은 우
리(PIH)를 보고 비현실적이라고 합니다. 우
리가 미쳤다는 걸 모르고 하는 소리죠."

이 일의 주인공이 바로 김
용이다. 이 같은 일화가 세상에
널리 알려지기 시작하자 김용
은 하버드에서 '로빈 후드'라는
별명으로 불리게 되었다. 미국
의 부자 병원에서 약을 빼앗다시피 해서 페루의 빈민촌에서
인술을 펼쳤으니, 어찌 로빈 후드가 아니겠는가.

문화비평가이자 독설가로 필명을 떨쳤던 노벨상 수상작
가 조지 버나드 쇼는 이런 말을 남겼다.

1장 가치관을 행동으로 옮기다

"이성적인 사람은 자신을 이 세상에 적응하며 살아간다. 반면 비이성적인 사람은 세상이 자신에 맞춰 살라고 고집을 부린다. 아이러니하게도 인류의 발전은 비이성적인 사람이 주도한다."

김용은 누가 봐도 이성으로 단단히 무장된 사람이다. 그러나 그의 눈에 '해야 하는' 목표가 들어온 순간 그의 추진력은 '비이성적'이라 할 만큼 일 속으로 빠져든다. 지구상에 김 총장 같은 사람의 수가 많아지면 지구촌의 문제가 해결될까?

이미 그는 남미 페루로 줄행랑(?)을 친 뒤였다. 약값을 몽땅 떼이게 된 병원장은 난감했다. 하버드대학교 의대 학장에게 자초지종을 전해들은 병원장은 그제야 껄껄 웃었다. "로빈 후드가 따로 없네요. 감동입니다." 이 일의 주인공이 바로 김용이다.

한 곡 뽑지요!

김용의 이 같은 의외의 모습은 여러 곳에서 탐지된다. 이런 일도 있었다. 러시아 톰스크 지역에서 결핵 퇴치 사업을 벌일 때의 일화도 유명하다. 일반 결핵과 다제내성 결핵 모두와 싸워본 적이 있는 PIH에게 이 지역의 결핵 퇴치 사업이 맡겨졌다. 그런데 하필 때를 맞춘 듯 KGB 요원의 미국 망명 사건이 일어났다. 지역에서는 미국인들에 대한 반감이 커지고 PIH 사람들마저 스파이로 취급하는 분위기가 감돌았다. 흉흉한 분위기를 진정시키기 위해 러시아 법무부 차관이 직접 현지를 방문했다.

소련식이자 관료식의 환영만찬이 있던 날, 러시아군 장성을 비롯한 러시아 당국과 PIH 사람들은 안가 분위기의 작고 호화로운 호텔에 모였다. 김용도 이 숨어 있는 호텔에서의 만찬에서 빠져나가지 못했음은 물론이다.

이날 김용은 러시아 법무부 차관을 처음 만났다. 지역에서의 위세를 생각하면 차관은 물론 장성들도 설득을 해야 사업을 계속 추진할 수 있는 상황이었다. 그런데 만찬은 흥이 나지 않았다. 보드카가 벌써 몇 순배나 돌았지만 딱딱하고 공식적인 분위기는 가시지 않았다.

이때 김용의 눈에 들어온 것이 가라오케 시설이었다. 김용은 몇 번을 망설이다 벌떡 일어났다. 무조건 보드카 잔을 치켜올린 김용이 일부러 목청을 높였다.

"제 모국인 한국에서는 존경하는 분이 함께하는 자리에서는 그분을 위해 못하는 노래라도 불러드린답니다. 귀한 손님들을 위해 한 곡 뽑지요!"

김용은 사업 진행의 열쇠를 쥔 법무부 차관과 장성 앞에서 프랭크 시내트라의 〈마이 웨이〉를 불렀다. 한번 노래가 나오니 술이 돌 듯 양쪽 관계자 사이에서 노래가 돌기 시작했다. 분위기가 고조되자 김용은 〈라밤바〉를 불렀는데, 마법 같은 일이 뒤이어 일어났다.

아무 반주도 없이, 법무차관이 그윽한 정통 러시아 바리톤 발성으로 노래를 시작한 것이다. 러시아 사람들에게 익숙한 노래인 듯, 장성들까지 가세해 화음을 넣기 시작했다. 한밤중에 제대로 된 합창이 벌어진 것이다. 만찬장에 있던 사람들은 어느새 러시아 말로 '동지'가 됐다.

만찬을 마치고 한 러시아 장군이 입을 열었다. "친애하는 친구들! 결핵 퇴치 사업, 제대로 해봅시다!" 끝으로 보드카 원샷!

어색한 만찬장의 가라오케, 그것도 스파이라는 소문이 도는 험악한 분위기에서 발휘된 그의 재치가 제대로 빛나는 순간이었다. 가라오케와 흥을 알고 있는 그. 그의 국적은 미국인이었지만 그의 피는 한국인이다.

책과 씨름만 해서 시야가 좁거나, 늘 우등생이어서 독불장군이거나, 아니면 사람들 앞에서 구호만 외치느라 혼자 책상을 지키고 앉아 고민해보지 않은 자들의 가벼움, 이런 일체의 것을 김용에게서는 찾아볼 수 없다.

세계은행 총재로 지명되면서 온라인상에서는 김용의 또 다른 노래가 새삼 화제가 되고 있다. 2012년 3월 11일 유튜브에는 "Time of my life-Dartmouth Idol Finals, 2011"이라는 제목의 동영상이 올라왔다.

이 동영상은 김용 총장이 몸담고 있는 다트머스대학의 축제를 촬영한 것이다. 영상 속에는 영화 〈더티댄싱〉의 OST인 'Time of my life'를 부르는 학생들이 등장한다. 그런데 노래 중간 부분에서 김용 총장이 직접 등장해 춤과 랩을 선보이는 장면이 나온다. 그의 느닷없는 등장에 당시 객석에 있던 학생들은 환호와 박수로 화답하고 축제는 열기의 정점을 찍는다. 김 총장은 눈에 확 들어오는 흰색 가죽 재킷을 입고 야광 선글라스를 착용하고는 미국의 최고 인기 그룹 블랙아이드 피스 멤버 윌.아이.엠을 패러디했다. 그 자리의 김용은 학생들의 '동지'요 '친구'였다.

그저 책과 씨름해서 시야가 좁거나, 늘 우등생이어서 독불장군이거나, 아니면 정반대로 그저 사람들 보이는 데서 구호만 외치느라 혼자 책상을 지키고 앉아 고민해보지 않은 자들의 가벼움, 이런 일체의 것을 김용에게서는 찾아볼 수 없다. 누구보다 열심히 공부하고 누구보다 성실히 일했지만, 그는 열린 가슴으로 소통할 줄 알고 멀리 보는 혜안이 흐려지지 않도록 애썼다. 아이비리그의 초대 동양인 총장이 되었지만 그는 흔히 총장실이라는 곳에서 묻어나는 권위를 누리려하지도 않았다. 오직 그의 관심은 자신이 가르치는 학생들이 잘되기를 바라는 것. 자신이 제대로 씨 뿌리기를 바라는 데에 있었다. 그런 그에게 '내가 어떻게 그런 일을…' 하는 생각

1장 가치관을 행동으로 옮기다

따위는 없다. 김용의 젊은 날의 꿈과 열정이 고스란히 깃든 PIH에 대한 그의 말을 들어보면 내면에 소용돌이치는 자신감과 에너지를 날것 그대로 드러낸 것임을 알 수 있다.

"사람들은 우리(PIH)를 보고 비현실적이라고 합니다. 우리가 미쳤다는 걸 모르고 하는 소리죠."

2장

누가 세계를
변화시킬 것인가?

다트머스대학 김용 총장의 집무실에 처음 방문한 것은 그가 총장 임명을 받고 세상 뉴스의 화제가 된 지 얼마 되지 않아, 미처 취임식도 하기 전이었다. 집무실 앞에 자리한 비서실조차도 짐 정리가 되어 있지 않았고, 김 총장의 방에는 책상 하나만 덩그마니 있는 상황이었다. 전 일정에 쫓기면서 인터뷰 시간에 맞추느라 뛰어온 듯한 그는 땀을 흘리며 아주 반갑고 친근한 웃음으로 우리 팀을 맞이해주었다. 그는 아주 따뜻한 음성으로 "제 방에 아직 아무것도 못 가져왔어요. 정신이 하나도 없네요"라고 말했다. 그의 안내를 받으며 들어선 그의 집무실에는 큰 책상 뒤로 묵직한 액자 하나가 걸려 있었다. 귀로는 김용 총장의 환대를 들으며 눈은 "인술제세仁術濟世"라는 글귀에 고정됐다. 내 시선을 느꼈는지 김 총장은 서 있는 채로 말하기 시작했다.

인술제세仁術濟世   "제 생각에 인술제세는 인술로 세상을 다스린다, 그러니까 의학을 공부하되 훌륭한 의사가 된다는 개인적인 목표만 생각한다든지 자신의 명예를 위한 의술만 생각한다든지 하는 것이 아니고, 사람의 질병이나 고통에 대해 헤아려봄으로써 사람 자체에 대해 생각해보고 결국 가난하고 질병의 고통에 시달리는 사람들을 위해 기여해야 한다는 의미입니다."

이것이 김용 생각의 핵심이다. 그는 단순히 의사로서 질병 자체만 고쳐내는 것을 의술이라고 생각하지 않았다. 병을 고치는 것이 아니라 사람을

김용에게 의술은 사람을 고치는 기술이 아닌, 사람을 진정 치유하기 위한 왼손이었다. 그는 인류학을 공부하거나 인간 본성에 대한 깊은 이해를 하려 애쓰는 오른손을 함께 사용함으로써, 병이 아닌 사람을 치유하고 구하고 싶어 했다.

구해내는 것이 의사가 할 일, '인술'이라 생각한 것이다. 그런 생각이 "인술제세", 곧 "의술로 세상을 구제한다"는 말로 간

경세가 제민을 위한 기본적 원리라면, 제민은 경세의 구체적 목표에 해당한다. 연역하면 김용에게 제세는 의학의 구체적인 목표인 것이다. 질병은 물리적 고통과 지속적인 심리적 불안을 야기하고 인간 존엄성을 파괴하므로, 큰 그림의 경세에 대해 전문성을 발휘할 수 있는 인술, 곧 의학으로 이에 맞서겠다는 선언인 것이다.

명하게 다듬어져 집무실의 좌우명으로 버티고 있는 것이다.

김용의 생각을 더 깊이 미루어보기 위해 여기서 잠깐 인술제세를 좀더 자세히 생각해 보자. 인술제세란 "경세제민經世濟民"을 의학의 창으로 새로이 해석한 말이다. 그렇다면 인술제세의 뿌리인 "경세제민"의 뜻을 살펴볼 필요가 있겠다.

오늘날 우리 삶의 거의 모든 것을 결정하는 거대한 실체이자 제도이자 방법론인 "경제"의 원래 말이기도 한 경세제민은 "세상 온갖 일을 잘 다스려 도탄에 빠진 백성을 구救한다"는 뜻이다.

세상을 다스리고 백성의 살림살이를 보살피는 '경세제민'은 예부터 치세治世의 핵심이었다.

경세제민의 말과 아이디어는 거대한 전환기인 춘추전국시대에 만들어졌다. 〈서경書經〉과 같은 유가 경전에도, 〈장자莊子〉와 같은 유학 경전과는 전혀 길이 다른 책에서도 보인다. 심지어 도교사상을 도교 교단 조직으로 밀어올린 갈홍葛洪의 〈포박자抱朴子〉에서도 공유하는 개념이다. 어떤 사상을 부르짖든 백성, 나라, 세상이 제자리에서 불안 없이 안녕을 누려야 한다는 열망만큼은 예나 지금이나 시대를 초월하여 한결

2장 누가 세계를 변화시킬 것인가?

같이 한 길이었다.

고대 동양의 사상가들은 경세제민이라는 말을 통해 국가와 사회를 바르게 경영하고, 백성을 구제하는 정치적·경제적·사회적·문화적 제 방면에 걸친 구체적 실천의 궁극적 과제와 원리를 제기했다. 예컨대 경세가 제민을 위한 기본적 원리에 적용된다면, 제민은 경세의 구체적 목표에 해당한다고 볼 수 있다. 연역하면 김용에게 제세는 의학의 구체적인 목표인 것이다. 질병은 물리적 고통과 지속적인 심리적 불안과 인간 존엄성을 파괴하므로 큰 그림의 경세에 대해 내가 전문성을 발휘할 수 있는 인술, 곧 의학으로 맞서겠다는 선언인 것이다.

"경제"의 원래 말이기도 한 경세제민은 "세상 온갖 일을 잘 다스려 도탄에 빠진 백성을 구한다"는 뜻이다. 세상을 다스리고 백성의 살림살이를 보살피는 '경세제민'은 예부터 치세治世의 핵심이었다.

전문적이며 큰 기획인 economy를 보다 사람에 다가서는 아이디어인 경세제민으로 대체하고, 그것을 인술제민으로 구체화하는 데서 김용은 성공의 상징인 하버드대학 교수의 자리를 넘어설 수 있었다. 오히려 라틴아메리카로, 아프리카로, 시베리아의 결핵 유행 지역에서 "제세"하는 동안 그의 의학은 확실히 인술로 승화될 수 있었다. 이는 엄연히 김용의 선택이었다.

의학에는
사람이 깃들어 있다

김용의 "인술제민"에는 또 다른 아이디어가 빛난다. 바로 "의학에는 사람이 있다"는 깨달음이다. 이는 폴 파머와 함께한 인류학 수업으로 더욱 빛났다.

예를 들어 이들이 카리브 지역으로 갔을 때, 그들에게 현지의 부두교는 큰 골칫거리가 될 수 있다. 부두교가 의학을 악마나 부두교와 경쟁하는 흑마술로 취급하는 순간, 그들이 찾아간 그곳에서 그들이 할 수 있는 일은 아무것도 없다. 현지인의 감정과 신앙의 역사를 전혀 모르는 중산층 이상 계급의 미국 백인 의사는 필경 부두교 사제들과 싸움을 벌이고 말 수도 있다. 그런데 인류학 훈련이 되어 있던 김용과 PIH 동료들은 부두교 사제들을 친구로 만들 수 있었다.

인술제세는 인술로 세상을 다스린다, 그러니까 의학을 공부하되 훌륭한 의사가 된다는 개인적인 목표만 생각한다든지 자신의 명예를 위한 의술만 생각한다든지 하는 것이 아니고, 사람의 질병이나 고통에 대해 헤아려봄으로써 사람 자체에 대해 생각해보고 결국 가난하고 질병의 고통에 시달리는 사람들을 위해 기여해야 한다는 의미입니다.

이 일화는 칼 구스타프 융의 회상을 떠올리게 한다. 정신병자는 미친 사람이고 미친 사람을 수용하는 게 전부였던 시절, 융은 아무도 원하지 않는 정신병원에 지원했다. 그곳에서 "나는 소크라테스다"라고 외치는 "미친 사람"을 관찰하게 된 것이다.

융은 그 말을 "미친 사람의 헛소리"로 제쳐두지 않았다. 해석에 들어갔고, 그의 개인사

김용의 "인술제민"에는 또 다른 아이디어가 빛난다. 바로 "의학에는 사람이 있다"는 깨달음이다. 이는 폴 파머와 함께한 인류학 수업으로 더욱 빛났다.

를 살펴보았다. 융은 그의 헛소리를 이렇게 해석했다. "나는 억울한 일을 당하며 살아왔어요." 미친 짓도, 헛소리마저도 이해하고 해석하면서 '정신과'가 드디어 제대로 된 의학의 틀 안으로 진입하게 되었다. 아픈 이들을 치료할 길도 열렸다. 헛소리나마 경청하는 직업이 생긴 것이다. 경청이 사람을 얼마나 안정시키는가는 두말할 필요가 없다.

김용과 그의 동료들이 부두교 의식을 야만인의 의식으로 치부하는 어리석음을 저지르지 않는 한 의사는 부두교 사제와 친구가 될 수 있다. 그리고 부두교 사람들의 이상한 행동을 함께 겪는 사이, 이들이 어떤 병마에 시달리고 있는지 알아낼 수 있다.

김용은 상아탑에서의 배움을 현장에 이와 같은 방식으로 적용하며 구체적으로 환자를 만나왔다. 인류학은 관찰하는 학문이다. 관찰하고 있는 상황에 개입하는 학문이 아니다. 그러나 김용과 동료들은 인류학을 '도구'로 만들어 고통을 관찰할 뿐만 아니라, 고통을 연구서에 기록하고 관찰과 연구에 따른 해결책을 행동으로 옮기는 일까지 해낸 것이다.

다른 문화를 뛰어넘은 뒤에 그들의 목표는 더욱 확고해

졌다. 가령 과테말라 농민에게 다가가기 위해서는 과테말라 농민 복장을 해야 할 것인가? 답은 '아니올시다'였다. 과테말라 빈민이 바라는 것은 미국인 의사가 정장을 입든 자기네 전통 의상을 입든 간에 먹을 것과 마실 것을 해결해주는 것이었다.

부두교 사제와 친구가 될 수 있는 태도와 과테말라 빈민이 정말 무엇을 원하는지 아는 총명한 지혜는 서로 모순을 이루지 않는다. 인류학이 문화의 다양성에 대한 이해를 돕는 학문이라고 할 때, 김용은 각 집단의 차이와 함께 인간의 공통분모까지 배우고 있었다. 김용은 나와의 인터뷰에서 이렇게 말했다.

"제가 다트머스에 올 때 가지고 온 기술이 있다면, 저는 인류학자니까 민족지학ethnography 훈련을 받았습니다. 민족지학이란 어떤 문화적 상황에 들어가서 거기서 무엇이 일어나고 있는지 보는 겁니다. 세상이 어떻게 돌아간다는 것에 대한 자신의 가정을 잠시 접어두고 다른 사람들이 어떻게 세상을 보는지를 이해하려고 정말 열심히 노력하면, 그건 아

융은 그 말을 "미친 사람의 헛소리"로 제쳐두지 않았다. 해석에 들어갔고, 그의 개인사를 살펴보았다. 융은 그의 헛소리를 이렇게 해석했다. "나는 억울한 일을 당하며 살아왔어요." 미친 짓도, 헛소리마저도 이해하고 해석하면서 '정신과'가 드디어 제대로 된 의학의 틀 속으로 진입하게 되었다.

2장 누가 세계를 변화시킬 것인가?

마도 가장 중요한 스킬이 될 겁니다. 공감이란 단지 어떤 감정을 갖는 것이 아니라, 예컨대 어떤 가난한 사람을 보고 마음이 아프다든가, 그건 시작에 불과합니다. 진정한 공감이란 사람들이 왜 상황에 처해 그런 일을 하고 있는지를 이해하는 걸 말합니다. 그들의 동기와 성취목적, 행동 등을 이해하는 겁니다."

제가 다트머스에 올 때 가지고 온 기술이 있다면, 바로 민족지학일 겁니다. 저는 인류학자니까 그 훈련을 받았습니다. 민족지학이란 어떤 문화적 상황에 들어가서 거기서 무엇이 일어나고 있는지 보는 겁니다. 세상이 어떻게 돌아간다는 것에 대한 자신의 가정을 잠시 접어 두고 다른 사람들이 어떻게 세상을 보는지를 이해하려고 정말 열심히 노력하면, 그건 아마도 가장 중요한 스킬이 될 겁니다.

김용의 대선배 히포크라테스는 이렇게 말했다.

"환자는 의사의 진심어린 태도에 감명받아 회복되기도 한다." "어떤 질병인가보다도 어떤 사람인가가 더 중요하다." "의술에 대한 사랑이 있는 곳에 인간에 대한 사랑이 있다."

닳고 닳아 뻔한 말이라고? 알지 않는가. 닳고 닳을 정도로 많이 들어온 거룩한 진리가 이 세상에서 얼마나 하찮게 됐는지. 사람을 모르고 어찌 진정 병을 알겠는가. 서로 신뢰가 없는데 진료와 치료가 가능하겠는가?

그에게 의술은 사람을 고치는 기술이 아닌, 사람을 진정 치유하기 위한 원손이었다. 그는 인류학을 공부하거나 인간 본성에 대한 깊은 이해를 하려 애쓰는 오른손을 함께 사용함으로써, 병이 아닌 사람을 치유하고 구하고 싶어 했다.

셰익스피어에서 경영을 배우다

김용이 다트머스대학의 총장으로서 다트머스 졸업생 가운데 성공한 학생들의 이야기를 예로 드는 중에 리안 블랙이라는 사람이 있었다. 그는 다트머스대학을 수석으로 졸업하고 전 세계에서 가장 성공적인 사모펀드를 운영하고 있다.

인터뷰를 하는 와중에 그는 리안 블랙의 이름을 꺼내는 순간 '지금부터 내가 아주 재미있는 이야기를 해줄게'라고 말하는 듯한 푸근한 선생님 같은 표정을 지었다.

"리안 블랙에게 물어봤어요. 성공의 비결이 뭔지…. 그랬더니, 그가 뭐라고 답했는지 아세요?" 그는 여기까지 말해놓고 내 호기심을 자극했다.

세계적인 사모펀드 운영자 리안은 셰익스피어의 작품을 읽으며 인간의 본성과 배반, 증오, 사랑, 원망, 슬픔, 좌절 등을 샅샅이 들여다보고 연구했다. 그리고 사람들이 특정 경제 상황이나 사회 상황에 어떻게 반응하고 돈을 운용할지에 대해 적용하고 연구했다.

"리안이 말하길, 하버드는 아무것도 가르쳐준 게 없다는 거예요. 그를 가르친 것은 셰익스피어였다는 겁니다."

알듯 모를 듯한 나의 표정

2장 누가 세계를 변화시킬 것인가?

에 한 번 더 미소를 지은 그는 이렇게 이어갔다.

"셰익스피어의 작품에는 인간 세상의 모든 비극과 희극, 모든 종류의 인간이 등장하죠. 셰익스피어의 등장인물을 통해서 '인간의 본성에 대해 배운 것이 가장 도움이 되었다'고 대답한 겁니다."

리안의 직업은 투자자다. 투자는 정확한 분석과 예측이 생명이다. 표면적으로는 돈을 연구하는 것처럼 보이지만 결국 그 돈은 사람 손에 들려 있는 것. 그러니 투자의 기본은 인간의 생각과 행동을 분석하고, 정밀한 이해와 분석을 통해 정확한 예측을 해야 하는 것이다. 리안은 셰익스피어의 작품을 읽으며 인간의 본성과 배반, 증오, 사랑, 원망, 슬픔, 좌절 등을 샅샅이 들여다보고 연구한 것이다. 그리고 사람들이 특정 경제 상황이나 사회 상황에 어떻게 반응하고 돈을 운용할지에 대해 적용하고 연구한 것이다. 예를 들어 어떤 회사가 성공할지 못 할지는 그 회사에서 일하는 사람에 달렸다고 보는 것이다. 결국 그는 인간 사회의 운영방식을 이해했기 때문에 성공할 수 있었다.

김용이 보기에 어떤 사람은 고전과 철학을 통한 방향 정립을 제대로 하지 못해 사람을 읽는 기술마저 잘못된 목적으로 사용하는 경우가 있다고 말한다. 긍정적인 목적으로 이를 활용하는 사람은 고전과 철학을 통해 제대로 방향을 잡은 사람이다. 이것이 바로 김용이 말하는 공부의 의미다!

김용은 교육자로서 인간을 이해할 수 있는 방법으로 문학작품을 깊이 읽을 것을 권한다. 그가 보기에 대중소설을 읽는 건 그리 도움이 되지 않는다. 통속적인 작품은 마음을 올바른 방식으로 자극하지 않기 때문이다. 셰익스피어로 대표되는 훌륭한 동서고금의 고전들은 무엇보다 "사고력"을 촉진시키는 데 도움을 준다고 그는 믿고 있다.

"고전은 마음을 신장시키므로 정말 중요합니다. 셰익스피어는 정말 복잡해요. 리안 블랙의 경우, 셰익스피어가 인간의 본성과 사고방식, 동기, 사악해질 수 있는 능력과 착해질 수 있는 능력에 대해 무엇을 말하려 하는지 생각하면서 읽는 동안 많은 것을 얻었다고 합니다."

다트머스대학교 에드 핼드먼 재단이사장은 "김 총장은 다트머스대학의 사명 중 핵심인 배움과 혁신, 봉사의 미션에 적합한 인물"이라고 평했다. 또한 "급변하는 환경에서 대학을 이끌어가기에 이상적"이라고 덧붙였다.

그렇다면 이렇게 사람을 읽어낸 뒤에는? 사람 읽는 기술을 습득한 뒤에는 어떻게 해야 할까? 김용이 보기에 어떤 사람은 고전과 철학을 통한 방향 정립을 제대로 하지 못해 사람을 읽는 기술마저 잘못된 목적으로 사용하는 경우가 있다고 말한다. 긍정적인 목적으로 이를 활용하는 사람은 고전과 철학을 통해 제대로 방향을 잡은 사람이다. 이것이 바로 김용

2장 누가 세계를 변화시킬 것인가?

이 말하는 공부의 의미다!

일단 방향이 잡힌 '사람 읽는 기술'은 아주 강한 힘을 발휘한다. 김용의 말이다.

"많은 사람들이 자기가 세상을 구원하고 싶다고 말합니다. 자신은 헌신할 수 있다고요. 그럼 저는 그들을 지켜봅니다. 그들을 보면 자신을 위해 일하는지, 아니면 세상을 위해 일하는지 알 수 있습니다. 아마 90퍼센트의 사람들이 스스로를 위해 일할 겁니다. 자기만족을 위해, 세상을 걱정하는 사람으로서의 자신을 드러내기 위해 사는 겁니다. 이것은 가난한 사람들의 고통을 이해하고, 그게 너무 괴롭다고 말하는 것과는 아주 다릅니다."

김용은 교육자로서 인간을 이해할 수 있는 방법으로 문학작품을 깊이 읽을 것을 권한다. 그가 보기에 대중소설을 읽는 건 그리 도움이 되지 않는다. 통속적인 작품은 마음을 올바른 방식으로 자극하지 않기 때문이다. 셰익스피어로 대표되는 훌륭한 동서고금의 고전들은 무엇보다 "사고력"을 촉진시키는 데 도움을 준다고 그는 믿고 있다.

그렇다면 구체적인 결심과 행동의 계기는 무엇일까?

"진정한 공감을 하기 때문이죠. 가난한 사람들의 힘없음을 느끼고, 뭔가를 하고 싶어 합니다. 하지만 이곳에 오는 많은 젊은이들이 자신에 대한 멋진 비전을 실현시키려고 합니다. 진정한 공감을 가르치는 것. 이를 위해 문학 교육이 중요한 역할을 한다고 보지만, 중요한 것은 사고를 자극하는 위대한 문학이어야 한다는 겁니다."

아시아계 최초의 다트머스대학 총장

잠깐 뒤돌아가보자. 그가 총장에 취임하던 때로. 2009년 3월 2일, 그의 총장 취임은 미국 학계를 뒤흔든 일대 '사건'이었다. 아이비리그 중 하나인 다트머스대학 신임 총장으로 한국인 최초, 아니 아시아인 최초로 취임했으니 당연한 일이었다.

다트머스대학교 에드 핼드먼 재단이사장은 "김 총장은 다트머스대학의 사명 중 핵심인 배움과 혁신, 봉사의 미션에 적합한 인물"이라고 평했다. 또한 "급변하는 환경에서 대학을 이끌어가기에 이상적"이라고 덧붙였다.

노벨상(평화상 제외) 수상자를 한 명도 배출하지 못한 한국은 학계에서는 변방에 가까운 나라다. 그런데 전 세계의 상아탑과도 같은 아이비리그에서 한국인 총장이 배출되었다는 것은 일대 사건임에 틀림없다.

다트머스대학은 제임스 라이트 총장이 퇴임 의사를 밝히자, 총장선임위원회를 구성해서 400명의 후보자를 놓고 선임 작업을 했다. 김용은 〈다트머스대학신문〉과의 인터뷰에서 "다트머스의 학문적 위상을 유지하는 것이 가장 우선적인 과

2장 누가 세계를 변화시킬 것인가?

제"라며 "학생 식당에서 학생들과 식사하고, 스포츠 이벤트에 참여하면서 열린 총장이 되겠다"고 밝혔다.

줄어드는 기부금 등 재정 문제 해결에도 김용은 자신감을 보였다. 그는 "기부금 모금이 어렵지 않을 것"이라면서 "다트머스 동문과 비동문까지 아울러 기부금을 모으겠다"고 포부를 밝혔다.

미국의 명문대 하면 흔히 '아이비리그'를 떠올린다. 아이비리그란 미국 동부 지역 8개 명문대학교를 말한다. 브라운대학, 컬럼비아대학, 코넬대학, 프린스턴대학, 다트머스대

많은 사람들이 자기가 세상을 구원하고 싶다고 말합니다. 자신은 헌신할 수 있다고요. 그럼 저는 그들을 지켜봅니다. 그들을 보면 자신을 위해 일하는지, 아니면 세상을 위해 일하는지 알 수 있습니다. 아마 90퍼센트의 사람들이 스스로를 위해 일할 겁니다. 자기만족을 위해, 세상을 걱정하는 사람으로서의 자신을 드러내기 위해 사는 겁니다.

학, 펜실베이니아대학 그리고 하버드대학과 예일대학을 가리킨다. 아이비리그 대학들이 매년 대학 순위에서 최상위권을 차지하고 있지만, 미국에는 아이비리그 외에도 서부의 스탠퍼드나 UC버클리, 동부의 존스홉킨스 등 명문대가 즐비하다. 이런 아이비리그 외의 미국 명문대를 의미하는 개념으로 '아이비 플러스'와 '퍼블릭 아이비', '빅10' 등이 존재한다.

'아이비 플러스'는 아이비리그 8개 대학에 스탠퍼드와 MIT를 추가한 10개 대학을 의미하는데, 경우에 따라서 캘리포니아 공과대학과 듀크대(노스 캐롤라이나 더햄), 존스홉킨스

대(메릴랜드 주 볼티모어), 라이스대(텍사스 주 휴스턴), 워싱턴대(미주리 주 세인트루이스), 노스웨스턴대(일리노이 주 에번스턴), 시카고대(일리노이 주 시카고), 노트르담대(인디애나 주 노트르담), 밴더빌트대(테네시 주 내슈빌)를 포함시키기도 한다.

　미국은 워낙 대학 서열과 인종 및 계급 문제가 복잡하게 얽힌 나라여서 김용 총장의 임명은 이례적인 일로 받아들여졌다. 그 때문에 임명 후 '사고'도 뒤따랐다. 학내 일부 학생들이 선출 다음날 재학생과 졸업생 1,000여 명에게 '김 내정자가 학교를 아시아화할 것이며, 다트머스는 미국이지 중국 식당이 아니'라는 내용의 이메일을 보낼 정도였다.

　특히 다트머스대학교는 아이비리그 중에서도 특별하다고 할 정도로 학생과 교직원 대부분이 백인 상류층인 곳이다. 이 사건은 이메일을 보낸 학생들의 공식 사과로 마무리됐지만, 노벨상(평화상 제외) 수상자도 한 명 배출하지 못한 한국은 학계에서는 변방에 가까운 나라다. 그런데 전 세계의 상아탑과도 같은 아이비리그에서 한국인 총장이 배출되었다는 것은 일대 사건임에 틀림없다. 국내외의 일부 학자들은 김용의 총장 취임 당시 "김 신임 총장의 업적과 성과가 탁월했던

그들이 저에 대해 좋게 생각한 것은 제 인생에 '뭔가가 되려고' 살아온 게 아니라는 점인 것 같았어요. 말하자면 학장이 된다거나 부총장이 된다거나 총장이 된다거나 하는 식으로 말이죠. 저는 제 평생 의료혜택을 제공하고 약값을 낮추는, 또는 어려운 사람들을 돕는 일을 해왔는데 그런 점을 그들이 높이 평가한 것 같습니다.

　　　　　　　　　2장 누가 세계를 변화시킬 것인가?

이유도 있지만, 미국 학계에서 한국인의 위상이 어느 정도 수준에 올랐다는 방증"이라고 입을 모으기도 했다. 그렇다면 김용은 어떻게 이 영예로운 자리에 오르게 됐을까? 다음은 나와의 인터뷰에서 그가 했던 말이다.

"처음에 선출위원회에 갔을 때 저는 '도대체 위원회가 저한테 왜 관심이 있는지…, 왜 인터뷰를 원하는지 모르겠다'고 했어요. 그렇지만 '여러분이 이 일을 주신다면 이렇게 하겠습니다'라고 했죠. 제 생각에 그들이 저에 대해 좋게 생각한 것은 제 인생에 '뭔가가 되려고' 살아온 게 아니라는 점인 것 같았어요. 말하자면 학장이 된다거나 부총장이 된다거나 총장이 된다거나 하는 식으로 말이죠. 저는 제 평생 의료 혜택을 제공하고 약값을 낮추는, 또는 어려운 사람들을 돕는 일을 해왔는데 그런 점을 그들이 높이 평가한 것 같습니다."

'정'이란 서로 간에 좋은 느낌을 갖게 한다. 이제까지 스페셜리스트와 제너럴리스트를 넘나들며, 결코 정치꾼 노릇을 한 적이 없는 의사 겸 학자 겸 행정가였던 그에게서 한국적인 정서인 '정'을 그들은 느꼈던 것일까. 다트머스대학교는 김용을 알아봤고, 김용과 화학작용을 일으켰으며, 마침내 김용이 이 대학에 취임하기에 이르렀다.

중요한 말이다. 그는 무엇이 되거나, 어느 위치를 향해 달려온 것이 아니다. 자신이 무엇을 해야 하는지를 고민하고 결정한 것을 행하다 보니 그가 거쳐온 여러 '굵직한' 자리와 위치가 따라온 것이다. '꿈이 뭐니?'라고 물으면 직업을 대는 경우가 허다한 게 우리의 현실이다. '어떻게 살고 싶으냐'고 물어보면 무슨 그런 쓸데없는 질문을 하냐는 표정이 되돌아온다. 그저 뛰어난 학벌을 향해 달리다가 다음엔 좋은 직장을 향해 달려가는 사람들이 많은 세상에서 내가 해야 할 일을 고민한다는 그의 말은 우리를 되돌아보게 하기에 충분하다.

다트머스대학은 1769년에 설립되어 미국 역사와 함께 성장해온 미국 동부의 전통 명문이다. 그만큼 교양 교육, 고전 교육의 기본을 요구하는 학교이기도 하다. 그러니 다트머스가 필요로 하는 총장도 오로지 자리를 노린 사람은 아니었을 것이다. 그들은 세상에서 어떤 일을 해온 사람인지를 보고 싶었을 것이다.

수많은 학장과 부총장이 총장 자리를 노리고 있는 다트머스대학교에서 김용이 선출된 과정은 대단히 복잡했다. 이는 상당히 민감하고 세밀한 과정을 필요로 하는 일이다. 김용은 이 일을 두고 선출위원회와 후보, 그리고 이사회 사이에 어떤 식으로든 화학작용이 맞아떨어져야 한다는 생각이 들었다고 했다. 대화 중에 그는 그 화학작용을 "정"이란 말로 표현했다.

'정'이란 서로 간에 좋은 느낌을 갖게 한다. 이제까지 스페셜리스트와 제너럴리스트를 넘나들며, 결코 정치꾼 노릇

2장 누가 세계를 변화시킬 것인가?

을 한 적이 없는 의사 겸 학자 겸 행정가였던 그에게서 한국적인 정서인 '정'을 그들은 느꼈던 것일까. 다트머스대학교는 김용을 알아봤고, 김용과 화학작용을 일으켰으며, 취임하기에 이르렀다.

나와의 인터뷰에서 그가 밝힌 취임 소감은 세상의 관심과 놀라움에 비해 놀라울 정도로 소박한 것이었다.

"이 특별한 자리를 위한 사람을 찾는 곳에 있는 것 자체가 대단한 행운이라고 느꼈습니다. 그게 전부일 겁니다. 그저 이 자리까지 온 게 감사했죠."

어떤 자리에 오르는 것보다 어떤 일을 하는지에 목적을 두고 살았던 그의 삶이 총장 선출 과정에서 중요한 요소로 작용한 것이다.

자신감 넘치는
초보 총장

총장에 오른 김용의 의욕은 대단했다. 2009년 10월 뉴욕 맨해튼 첼시피어에서 열린 코리안 아메리칸 커뮤니티파운데이션KACF 연례 만찬에 참석한 김용은 900여 명의 청중들 앞에서 자신의 성장 배경과 성공을 위한 메시지, 2세의 역할, 윤리 경영의 중요성에 관한 기조연설을 했다. 다트머스대학교의 경영 비전과 한국인들에게 보낸 메시지는 자신감에 차 있었다. 이날의 연설 가운데 핵심적인 내용이 여러 언론사를 통해 보도되었다.

성공한 사람은 재능이 아니라 인내심이 있다!

오늘 기조연설에서 저는 아주 개인적인 내용을 말하려고 합니다. 부모님이 어떻게 만났고 자신이 어디서 왔는지, 그리고 성공한 사람들의 이야기를 통해 왜 성공한 사람은 성공할 수밖에 없는지 그에 대한 이야기를 할 겁니다. 모든 성공한 사람들은 재능보다는 인내심을 갖고 있습니다. 1950년대 서울은 현재의 아프리카와 유사했습니다. 그 시절에 우리는 많은 도움을 받았지만, 지금은 세계 열한 번째 경제대국이 됐습니다. 이제는 우리가 다른 세상을 위해 무엇을 할 수 있을지, 세상을 더 나은 곳으로 만들기 위해서는 우리가 무엇을 해야 하는지, 그것이 바로 오늘 제가 할 기조연설의 주된 주제입니다.

나는 한국인들이 과학에서만 노벨상을 받는 게 아니라, 아프리카나 남아시아를 구해서 노벨상을 받는 가치 있는 일을 할 수 있기를 바랍니다.

세상을 더 나은 곳으로 만들라!

이민 2세들은 부모님들의 희생 덕분에 열심히 공부할 수

2장 누가 세계를 변화시킬 것인가?

있었고, 잘 먹고 잘살 수 있었 습니다. 그러니 우리 2세들은 이제 세계를 위해 어떤 책임 을 져야 하는지를 생각해야 합

다트머스대학은 세계에서 가장 들어가기 힘 든 학교지만 재학생의 5퍼센트가 한국 학생 입니다. 그게 바로 한국 학생들의 가능성을 보여줍니다. 좁은 시야에 갇혀 있지 말고 비 전을 확장하십시오.

니다. 나는 한인들이 단순히 기술을 개발하는 데 그치지 않 고 밖으로 나와 세상을 끌어안아야 한다고 생각합니다. 그리 고 더 나은 곳으로 만들 수 있다고 외쳐야 합니다. 지난 25년 간 교육계에서 일하면서 젊은 사람들이 세계를 변화시킬 수 있도록 독려했습니다. 나름대로 제 위치에서 제가 할 수 있는 일을 했습니다. 나는 한국인들이 과학에서만 노벨상을 받는 게 아니라, 아프리카나 남아시아를 구해서 노벨상을 받는 가 치 있는 일을 할 수 있기를 바랍니다.

한국 교육은 좁습니다

우리는 젊은 사람들에게 제대로 된 교육을 제공해야 합 니다. 한국의 교육은 매우 좁습니다. 의학을 공부한 사람은 의학만, 법을 전공한 사람은 법만 공부합니다. 하지만 다트 머스대학은 폭넓은 교육을 제공합니다. 물리를 공부하는 학 생들에게는 셰익스피어를 읽게 하고, 의학을 공부하는 학생 들에게는 예술 활동을 할 수 있도록 장려합니다. 많은 학생 들이 폭넓은 경험을 할 수 있어야 합니다. 많은 분야를 이해

할 수 있는 능력을 기르는 것이 진짜 리더를 양성하는 방법입니다. 아인슈타인도 매우 많은 분야에 걸쳐 광범위한 관심을 가졌던 인물입니다. 우리는 테크니션만이 아니라 영향력 있는 미래의 리더를 키우려는 것입니다.

한국 학생들에게 필요한 것은 비전을 확장하는 일입니다!

한국 학생들은 비전을 확장해야 합니다. 좋은 학교에 들어가고, 좋은 직업을 갖는 데만 몰두해서는 안 됩니다. 어떤 사람이 좋은 사람인지, 살기 좋은 세상을 만들기 위해서는 어떤 방법이 있는지 생각해볼 필요가 있습니다. 넬슨 만델라와 버락 오바마 같은 이들은 젊은이들에게 의욕을 고취시키고 동기를 제공합니다. 한국 학생들도 이처럼 비전을 확장하길 바랍니다. 한국 사람이라고 해서 영향력 있는 사람이 되지 말라는 법은 없습니다. 아프리카를 구하고 세계적으로 유명한 리더가 될 수 있는 능력이 우리에겐 분명 있습니다. 다트머스대학에서 만난 학생들 가운데 똑똑한 학생들은 대개 한국 학생들입니다. 그러니 세상을 바꿀 만한 사람이 될 수 있

세계적인 경제문제는 윤리의 문제이기도 합니다. 그래서 다트머스의 비즈니스 스쿨은 윤리에 대해 많이 가르치고 있고, 앞으로도 윤리는 모든 학생들의 교육에 반영될 것입니다. '머니Money, 마켓Market, 미Me'의 3M을 '엑설런스Excellence, 인게이지먼트Engagement, 에식스Ethics'의 3E로 바꿔야 합니다.

습니다. 다트머스대학은 세계에서 가장 들어가기 힘든 학교
지만 5퍼센트가 한국 학생입니다. 그게 바로 한국 학생들의
가능성을 보여줍니다. 좁은 시야에 갇혀 있지 말고 비전을 확
장하십시오.

추천하고 싶은 책

마틴 루터 킹 목사와 넬슨 만델라, 달라이 라마, 폴 파머의
책들을 읽어보십시오. 폴 파머의 책은《작은 변화를 위한 아름
다운 선택》(황금부엉이, 2005)이라는 제목으로 한국에서도 출
간이 이미 됐습니다. 이들이 바
로 월드 클래스 리더들입니다.
이들의 책을 읽고 나면 우리의
시야를 넓힐 수 있습니다.

> 김용은 훗날 인터뷰에서 재정 적자와 씨름
> 하던 총장 취임 초기도 배움의 기회로 여겼
> 다고 말했다. 쓰레기봉투에서부터 교수들의
> 월급 등 모든 지출 항목을 확인했다. 오히려
> 들여다볼 수 있어서 좋은 기회로 여겼다.

3M을 3E로 바꿔야 합니다

모든 대학과 총장에게 재정은 대단히 큰 문제입니다. 저
도 마찬가지로 총장 취임 이후 어려움을 겪고 있는 재정 문
제에 대해 계속 연구 중입니다. 그렇지만 미래에 대한 비전
은 크게 생각해야 합니다. 지금 세계적인 경제문제는 윤리의
문제이기도 합니다. 그래서 다트머스의 비즈니스 스쿨은 윤
리에 대해 많이 가르치고 있고, 앞으로도 윤리는 모든 학생

들의 교육에 반영될 것입니다. '머니Money, 마켓Market, 미Me'의 3M을 '엑설런스Excellence, 인게이지먼트Engagement, 에식스Ethics'의 3E로 바꿔야 합니다. 이것이 학생들의 교육에 반영되어야 합니다. 제프리 이멜트 GE 회장과 이베이 등 비즈니스에서 윤리 경영을 하고 있는 사람들이 많이 있습니다. 모든 다트머스 학생들이 이처럼 윤리를 항상 중시하도록 강조합니다.

다트머스 졸업생은 월드 리더의 후보들이다!

다트머스대학이 1위로 평가받은 것이 자랑스럽습니다(2007년 〈포브스〉는 다트머스경영대학원을 1위로 꼽았다). 그렇기 때문에 다음 단계로 나가는 것이 제게는 도전 과제입니다. 우리는 매년 1,000명의 세계적 리더가 될 수 있는 졸업생들을 배출하고 있습니다. 세계의 문제를 자신의 문제로 생각하고 그것을 실행에 옮길 수 있는 학생들을 배출하는 게 제 목표입니다.

그가 KACF의 강연에서 강조한 이야기들은 그가 나와의 인터뷰에서 강조했던 내용들과 일치한다. 그가 강조하고 반영하려는 가치가 명징하기 때문이다.

이렇게 화려하게 취임한 그의 다트머스대학으로의 연착

2장 누가 세계를 변화시킬 것인가?

류은 처음부터 봄바람이었던 것은 아니다.

김용은 취임 초기에 학교의 재정 문제들에 대해 잘 이해하지 못했고, 1억 달러의 적자를 냈다. "취임할 때, 저는 1년 동안 사람들을 만나고 기관에 대해 배울 시간이 있을 줄 알았습니다. 그런데 곧바로 그해에 1억 달러 적자라는 경제적 위기에 직면했습니다." 자세히 들여다보니 다트머스대학교는 너무 많은 돈을 쓰고 있었고, 지출이 수입보다 훨씬 많았다. 김용은 이 때문에 대학 내 조직 및 구성원들과 '정'을 나누고 서로를 알기 위해 시간을 보내는 '허니문'의 여유도 없이 예산 삭감에 들어갔다.

총장 취임 2년이 지난 시점에 예산 삭감을 마무리했고, 해고도 35명 선에서 막을 수 있었다. 대학 기관은 그대로 유지됐고 재정적으로는 아주 견고해졌으며, 다툼은 정리되었다. 로빈 후드 돌파법처럼, 가라오케 돌파법처럼, 김용은 교수와 동창, 학생들을 직접 설득해서 상황을 돌파한 것이다. 그의 설득이 힘이 있는 것은 그의 마음 안에 늘 '진짜'가 있었기 때문이다.

그러나 김용은 훗날 인터뷰에서 이 시기도 배움의 기회로 여겼다고 말했다. 쓰레기봉투와 화장지에서부터 교수들의 월급 등 모든 지출 항목을 확인했다. 오히려 이렇게 모든 것을 들여다볼 수 있어서 좋은 기회로 여겼다고 했다.

김용은 일괄 삭감한 뒤, 최종 결재권자인 자신을 뒤로 숨기지 않았다. 말하자면 조직이 자초한 화라거나 전임자들이 잘못한 거니 어쩔 수 없다는 식으로 문제를 피하지 않았다. 김용은 정공법을 통해 예산 문제와 조직 문제에 접근했다. 이런 문제들은 어떠한 경우에도 갈등이 있게 마련이다. 총장 취임 2년이 된 시점에 나와 가진 두 번째 인터뷰에서 김용은 이렇게 회상했다.

"예산에 대해 전략적으로 접근할 때면 항상 불만을 갖는 사람이 있게 마련이죠. 그러니, 저는 허니문을 즐기기보다는 2년 동안 기관에 대해 배웠기 때문에 정말 열심히 일해야 했습니다."

하지만 구조조정의 최종 결재권자에게는 원래 "도살자"라는 별명이 따라붙게 되어 있다. 시기와 질투는 종종 공격과 모함으로 바뀐다. 그 과정에서도 김용은 스스로를 단련했다.

"미국에는 이런 속담이 있는데, 원래 니체가 한 말입니다. '죽을 만큼의 역경은 사람을 더욱 강하게 만든다(Whatever doesn't kill you makes you stronger).'"

그에게 삭감과 개편은 죽을 만큼 힘든 작업이었던 것이다.

"하지만 우리는 대학 총장이 해야 하는 가장 어려운 문제들에 바로 뛰어들었어요. 예산 삭감 말입니다. 그것도 전략적인 방법으로 말입니다. 교수와 동창, 학생들 앞에 나서서 '이런 이유 때문에 이렇게 어려운 결정을 했습니다'라고 말했죠"

그 결과 총장 취임 2년이 지난 시점에 삭감을 마무리했고, 해고도 35명 선에서 막을 수 있었다. 대학 기관은 그대로 유지됐고 재정적으로는 아주 견고해졌으며 다툼은 정리되었다. 로빈 후드 돌파법처럼, 가라오케 돌파법처럼, 김용은 교수와 동창 그리고 학생들을 직접 설득해서 상황을 돌파한 것이다. 그의 설득이 힘이 있는 것은 그의 마음 안에 늘 '진짜'가 있었기 때문이다.

인종, 아무것도 아닌 게 아니다: 아시아, 한국, 비백인

김용은 최초의 한국계 미국인 아이비리그대학 총장이면서, 또한 최초의 동양인 아이비리그대학 총장이자 동시에, 최초의 소수민족 유색인 남자 아이비리그대학 총장이다. 취임 당시, 아이비리그대학에서 유색인 총장은 딱 한 사람 있었다.

김용의 지인이자 친구인 루스 시먼스Ruth Simmons 브라운대학교 총장이 바로 그이다. 루스 시먼스는 아이비리그대학의 역사상 첫 번째 유색인 총장이다. 유색인종으로 따진다면 김용은 두 번째이자, 첫 번째 남성 총장이다.

김용의 취임은 오바마 대통령 선출과 궤를 같이해서 더 화제가 된 면이 없지 않았다. 그는 미국 역사상 최초의 유색인종 대통령인 오바마의 선출과 연장선상에서의 그의 선임을 연결하는 해석에 대해서 이렇게 말했다.

제가 첫 번째라는 사실이 참 영광이지만, 제가 마지막은 절대 아닐 겁니다. 많은 여성들에게 기회가 있을 것이고 소수민족에게도 그렇고요. 지금 아이비리그대학 총장의 절반은 여성입니다. 10년, 15년 전에는 상상도 못했던 일입니다. 좋은 방향으로 변화가 일어나고 있다고 생각합니다.

"모르겠습니다. 오바마 대통령 선출이 영향이 있었는지 없었는지는…. 그러나 말씀드릴 수 있는 건 한국 분들의 반응에 저도 아주 놀랐다는 겁니다. 그리고 아주 감동했습니다."

선출 소식이 알려지기 시작하고 김용이 브라운대학교의 총장이자 아프리카계 미국인인 친구 루스에게 전화를 했을 때 이런 조언이 돌아왔다.

"당신이 더욱 놀라게 될 것은 당신의 선출에 반응하는 당신의 공동체, 당신의 민족일 겁니다. 내 경우 아프리카계 미국인이 전부 열광했어요. 너무나 자랑스러워하고 행복해했지

　　　　　　　　　　　　2장 누가 세계를 변화시킬 것인가?

요. 이제 그 일이 당신에게도 벌어질 겁니다."

김용은 그때까지도 실감하지 못했다고 했다. 대학 총장에게 누가 관심을 가질까? 그런데 한국만이 아니었다. 미국계 한국인 사회, 심지어는 중국과 일본에서도 그를 주목했다.

"오바마 대통령도 말했지만, 우린 아직 인종차별시대를 지난 게 아닙니다. 아직도 인종은 문제가 됩니다. 그러나 우린 훨씬 나은 세계에서 살고 있습니다."

글을 쓰는 것이 쉬운 사람은 거의 없습니다. 끊임없는 습작이 필요하죠. 아티스트도 마찬가지입니다. 작은 기술에서 시작해 끊임없는 노력이 필요하죠. 그래서 제 역할은 아이들이 스스로 하고 싶은 것이 무엇인지를 찾는다면 그들이 탁월한 수준까지 가는 데에 필요한 훈련을 거치도록 돕는 겁니다.

미국 최고의 명문 다트머스도 변했다.

"대학 신입생들 중 40퍼센트가 소수민족 그룹입니다. 많이 바뀌었어요. 50년 전엔 대부분이 백인 남학생이었어요. 지금은 50퍼센트 이상이 여학생이고, 40퍼센트가 소수민족입니다. 세상이 변화하고 있어요."

변화를 실감하는 김용은 변화의 시대에 걸맞은 준비를

하고 있으며, 그 변화를 긍정하고 있다.

"제가 첫 번째라는 사실이 참 영광이지만, 제가 마지막은 절대 아닐 겁니다. 많은 여성들에게 기회가 있을 것이고 소수 민족에게도 그렇고요. 지금 아이비리그대학 총장의 절반은 여성입니다. 10년, 15년 전에는 아이비리그대학 총장의 절반이 여성이 될 것이라는 건 상상도 못했던 일입니다. 좋은 방향으로 변화가 일어나고 있다고 생각합니다."

성공은 능력이 아니라 인내가 가져다준다

열정과 집중은 자발과 자율의 산물이다. 비즈니스맨을 위한 비非비즈니스 저술로 유명한 세계적인 베스트셀러 작가 말콤 글래드웰Malcolm Gladwell은 《아웃라이어Outliers》(김영사, 2009)에서 이렇게 말했다.

"복잡한 업무를 수행하는 데 필요한 탁월성을 얻으려면, 최소한의 연습량을 확보하는 것이 결정적이라는 사실은 수많은 연구를 통해 거듭 확인되고 있다. 사실 연구자들은 진정한 전문가가 되기 위해 필요한 '매직넘버'에 수긍하고 있다. 그것은 바로 1만 시간이다. 신경과학자인 다니엘 레비틴Daniel

Levitin은 어느 분야에서든 세계 수준의 전문가, 마스터가 되려면 1만 시간의 연습이 필요하다는 연구 결과를 내놓았다.

　작곡가, 야구선수, 소설가, 스케이트선수, 피아니스트, 체스선수, 숙달된 범죄자, 그 밖에 어떤 분야에서든 연구를 거듭하면 할수록 이 수치를 확인할 수 있다. 1만 시간은 대략 하루 세 시간, 일주일에 스무 시간씩 10년간 연습한 것과 같다. 물론 이 수치는 '왜 어떤 사람은 연습을 통해 남보다 더 많은 것을 얻어 내는가'에 대해서는 아무것도 설명해주지 못한다. 그러나 어느 분야에서든 이보다 적은 시간을 연습해 세계 수준의 전문가가 탄생한 경우를 발견하지는 못했다. 어쩌면 두뇌는 진정한 숙련자의 경지에 접어들기까지 그 정도의 시간을 요구하는지도 모른다."

세계의 문제를 여러분의 문제로 만들어야 합니다. 우리가 살고 있는 역사적인 시기는 여러분 세대에게 세계에서 가장 절실한 도전 과제를 다루는 데 있어서 배움을 실천과, 열정을 실용과 결합시킬 것을 요구하고 있습니다.

　"아웃라이어"의 사전적 의미는 "본체에서 분리되거나 따로 분류되어 있는 물건" "표본 중 다른 대상들과 확연히 구분되는 통계적 관측치"다. 다만 말콤 글래드웰은 이 말을 "평균치를 넘는 성취를 이룬 사람" "보통 사람의 범주를 넘어선 성공을 거둔 사람" "성공의 기회를 발견해 그것을 자신의 것으로 만든 사람"으로 살짝 비틀어 쓰고 있다.

말콤 글래드웰은 비틀스, 빌 조이, 워런 버핏, 빌 게이츠들을 아웃라이어의 대표적인 예로 들고 있다. 하지만 보통 사람들은 다만 이들의 남다른 천재성이나 눈에 띌 수밖에 없는 비범함, 혹은 '천재성이나 비범함'에서 오는 특이함에만 눈길을 보낸다. 그러나 구체적인 숫자로 10년을 따져보면 이야기는 달라진다.

매일 하루도 **빼놓지** 않고 세 시간을 자기 분야의 연습에 쏟는다 치면, 매일 세 시간씩 10년이면 1만 시간이다. 이때가 되어서야 우리 근육과 뇌는 최적의 훈련 상태에 다다른다. 이 과정이 생략된다면? 비틀스도 빌 조이도 워런 버핏도 빌 게이츠도 없다. 그리고 그 1만 시간은 열정 없이는 쏟아부을 수 없는 시간이며, 집중력을 발휘하지 않으면 의미가 없는 시간이다.

김용은 이를 자신의 자녀들에게도 가르치고, 적용하고 있다. 실제로 그 자신도 두 아들의 아버지인 김용 총장에게 자녀 교육에 대해 묻자 그는 이런 말을 했다.

"저는 제 아이들에게 이렇게 말할 겁니다. '너희들은 아주 좋은 환경에 태어났다. 우린 너희가 원하는 것이 무엇이든 열정을 가지고 있다면 너희를 도울 것이다. 세상은 변했고 안정적으로 살기 위해 의사가 될 필요는 없다.' 작가가 되든 아티스트가 되든 뭐든 될 수 있지만 그것이 무엇이든 찾고 나면, 저의 역할은 아이들이 100 또는 1,000시간 동안 고군분투하는 과정을 통과하게 하고, 결국 대가가 되기 위한 1만 시간을 채우도록 도울 겁니다. 글쓰기

성적도 좋아야 합니다. 하지만 이것만으론 안 됩니다. 우리는 이 학생이 다트머스에 기여하고 나아가 세계에 기여할 수 있는지를 봅니다. 한국어로 '공부벌레'처럼 좋은 성적을 내야 하지만, 다른 특별한 것들을 갖추고 있어야 합니다.

는 그렇게 자연스럽게 되는 게 아닙니다. 글을 쓰는 것이 쉬운 사람은 거의 없습니다. 끊임없는 습작이 필요하죠. 아티스트도 마찬가지입니다. 쉬운 게 아니고 작은 기술에서 시작해 끊임없는 노력이 필요하죠. 그래서 제 역할은 아이들이 스스로 하고 싶은 것이 무엇인지를 찾는다면 그들이 탁월한 수준까지 가는 데에 필요한 훈련을 거치도록 돕는 겁니다."

그는 이렇게 덧붙였다.

"작가가 되고 싶다고 생각하는 것과 작가가 되기 위해 매년, 매월, 심지어는 매일 훈련해야 하는 것은 또 다른 문제입니다. … 대부분의 사람들은 예술적 작가가 된다는 것은 재능의 문제라고 생각하죠. 하지만 연구 결과는 다르게 말합니다. 시작점에서는 재능이 중요하지만 그다음은 얼마나 많은 시간을 투자하느냐 하는 것입니다."

김용은 폴 파머와 함께 1987년 PIH를 시작한 이래, 아니

이미 의학과 인류학을 접목한 공부를 시작한 이래 꾸준히 이 분야의 길을 걸어왔다.

맨주먹으로 시작한 단체에서 전화를 받고, 허드렛일을 하고, 자잘한 공문을 작성해가며 하버드대학의 교수가 되고, 학장이 되고, 세계보건기구에 들어갔다. 대학 총장이 되어서도 대학의 비품 값을 일일이 챙기는 것을 "즐겁다"고 말하는 데에는 가식도 사심도 없다. 그는 정말 즐거운 것이다. 그가 하는 일이 그 자신이 스스로에게 정의한 '의미'가 있기 때문일 것이다.

10년이 아니라 스물 몇 해를 넘긴, 최선을 다해 집중한 그의 행정 처리 경험은 국제적인 의학 원조 사업에서도, 국제기구에서도, 최고의 명문대학에서도 그를 아웃라이어로 만들어준 것이다.

김용의 인재론: 누가 세계를 변화시킬 것인가?

"세계의 문제를 여러분의 문제로 만들어야 합니다. … 우리가 살고 있는 역사적인 시기는 여러분 세대에게 세계에서 가장 절실한 도전 과제를 다루는 데 있어서 배움을 실천과, 열정을 실용과 결합시킬 것을 요구하고 있습니다. … 여러분 세대는 이전의 어느 세대보다 더 야망에 찬 꿈을 가져야 합니다. 그러나 꿈을 갖는 것만으로는 충분치 않습니다. … 열정과 실용을 겸비해야 합니다. 둘 중 하나만 갖고는 우리가 오늘날 직면한 문제를 막을 수 없습니다."

공부만 한 소위 '공부벌레'는 이제 학교에서는 거의 원하지 않습니다. 대신에 진지한 학업에 대한 열정과 세계에서 일어나는 일들에 호기심을 가진 학생들을 원합니다.

위 인용문은 김용의 다트머스대학교 취임 연설의 일부다. 김용은 세계의 사회적 문제와 싸우는 데 주력했던 자신이 상아탑으로 돌아와 대학 총장직을 맡기로 한 데에는 "자신의 성취보다 젊은 세대의 성취가 더 클 것이라는 확신이 있었기 때문"이라는 말로 취임 연설을 마무리했다. 곧 총장의 소임으로 국제적 도전 과제에 맞설 젊은 세대의 양성을 설정했음을 밝힌 것이다. 이후 김용은 총장 취임 후 첫 신입생을 뽑은 소감을 묻는 언론과의 인터뷰에서 다음과 같이 신입생 선발 기준을 밝혔다.

"올해 (다트머스대에) 1만 8,000명이 지원했습니다. 이것은 역대 기록입니다. 이 가운데 12퍼센트만이 입학 허가를 받았습니다. 솔직히 내가 고등학생이었다면 다트머스에 들어왔을지 모르겠습니다. 다트머스에 입학하려면 SAT는 물론 고교 내신성적도 좋아야 합니다. 하지만 이것만으론 안 됩니다. 우리는 이 학생이 다트머스에 기여하고 나아가 세계에 기여할 수 있는지를 봅니다. 한국어로 '공부벌레'처럼 좋은 성적을 내야 하지만, 다른 특별한 것들을 갖추고 있어야 합니다."

여기에 원석 상태의 다이아몬드 같은 예비 다트머스생까지 전략적으로 고려한다고 말한다.

한 가지 분명한 것은 아이가 원하지 않는데도 부모가 아이에게 강요해서는 안 된다는 겁니다. 그런 점은 보입니다. 우리 눈에 보여요. 학생이 강요받았는지, 강요받지 않고 자발적으로 움직였는지.

"차세대에서 한국, 그리고 세계의 위대한 리더가 어떤 가정 형편을 가진 사람일지 알 수 없기 때문입니다. 고등교육을 받을 경제적 능력이 있는 사람에게만 기회를 준다면 그런 사람을 발견할 기회를 잃게 되는 거죠. 모든 변화를 가져올 수 있는 사람을 발견할 기회를요. 그게 우리 다트머스의 생각입니다. 그래서 우리는 미국에서 가장 가난한 학교, 가장 가난한 지역으로 가서 우리가 '원석 상태에 있는 다이아몬드(diamond in the rough)'라고 부르는, 즉 어려운 형편에 처해 있지만 진정 위대한 연결을 만들어낼 수 있는 사람을 찾습니다. … 형편이 어려운 학생에게 장학금을 주는 것, 이게 미국 전역의 공립 및 사립대학에서 이루어지고 있어요. 한국도 지불 능력이 있는 학생은 등록금 전액을 내도록 하는 체제로 가야 합니다. 그리고 지불 능력이 없는 학생은 재정지원을 받아서 학교를 다닐 수 있게 해야 합니다. 위대한 사회의 척도는 자신의 능력이 진정으로 미래를 결정하는 사회라고 생각해요. 만약 똑똑한 사람이 집안 형편이 아주 어려운 경우, 그들에게도 기회를 주어야 합니다. 이건 아주 전략적인 문제입니다."

세계의 문제와 개인의 문제를 아우르는 인재, 꿈을 꾸되 꿈을 이룰 구체적인 방법을 고민하는 인재, 열정과 실용을 겸비한 인재, 이 모든 것을 가지고 직면한 문제에 파고드는 인재가 바로 김용의 인재상이다. 그의 인재론에 이어 살펴볼 만한 것이 "공부벌레론"이다. 특히 한국의 교육 현실에 잇대어, 한국 부모에게 보내는 메시지는 매우 강렬하다. 김용은 나와의 인터뷰에서 이렇게 말했다.

"공부만 한 소위 '공부벌레'는 이제 학교에서는 거의 원하지 않습니다. 대신에 진지한 학업에 대한 열정과 세계에서 일어나는 일들에 심오한 호기심을 가진 학생들을 원합니다. 저는 이런 점이 아주 중요하다고 생각합니다. 한국의 부모님들에게는 자녀들이 배움에 대한 열정과 세계에서 일어나는 일들에 대해 호기심을 갖도록 만드는 게 제일 중요하다고 생각합니다. 점점 더 중요해질 겁니다. 우리는 다양한 분야에서 훌륭한 학생을 찾고, 어린 나이에도 다른 사람들에 대한 깊은 관심을 가지고 있는 학생들을 찾고 있습니다. 다른 곳에서 쉽게 만나보지 못할 사람들로 구성해서 학교 전체를 풍부하게 만들고 싶기 때문입니다. 획일화된 것을 원하지 않아요. 모든 이가 좋은 점수를 받고, 클럽의 리더가 되고, 체스를 하고 바이올린을 켜는 관념은 너무 지루합니다. 한 가지 분명한 것은 아이가 원하지 않는데도 부모가 아이에게 좋을 거라는 생각으로 강요해서는 안 된다는 겁니다. 그런 점은 보입니다. 우리 눈에 보여요. 학생이 강요받았는지, 강요받지 않고 자발적으로 움직였는지…."

당신이 진심으로 하고 싶은 것, 평생 하고 싶은 것을 심각하게 생각하고 찾아내라!

그렇다면 공부벌레인가, 아닌가는 어떻게 알아볼 수 있을까? 바로 입학지원서와 제대로 된 에세이에 강조점을 둔 입학사정관제도다. 입학사정관제는 많은 시간이 걸릴 뿐만 아니라 어려운 일이다. 이는 질적 평가 부문 때문이다. 단순 성적이 아니라 학생이 어떤 류의 사람인지, 어떤 리더십의 스타일을 갖고 있으며 어떤 다른 일을 성취할 수 있는지, 어떤 강한 캐릭터를 지니고 있는지, 그래서 인류에 도움이 되는 위대한 일을 할 수 있는지 등을 파악하는 것이다.

2장 누가 세계를 변화시킬 것인가?

"물론 성적의 하한선은 있습니다. 그다음엔 어떤 분야, 말하자면 미술이나 음악 또는 나비 전문가라든지 눈에 띄게 훌륭한 성과가 있다면, 그리고 그에 대한 열정이 있다면 다트머스에 입학할 수 있는 기회가 주어집니다."

다트머스대학에서 학생들을 선발하는 원칙이 무엇인지 묻는 내게 이렇게 설명한 그는 아버지로서 자신의 아이들에게 이렇게 묻는다고 덧붙였다.

"네가 진심으로 하고 싶은 것, 평생 하고 싶은 것을 심각하게 생각하고 찾아내라!"

이제 세상은 공부벌레를 원치 않는다!

인재는 링크하는 사람이고, 스스로 접점이 되는 사람이다. 꿈과 현실을 가로지를 줄 알아야 한다. "열정이 먼저냐, 실력이 먼저냐"고 묻는 것이 얼마나 한심한 질문인지 알 것이다. 인재는 열정과 실력 사이에 통로를 내는 사람이다. 이는 꿈과 현실 사이의 관계를 파악하는 눈에서도 마찬가지다.

'공부벌레'는 태도에서도 큰 문제가 있다. 김용은 이렇게 설명한다.

컴퓨터과학의 추이와 현장 실무는 오늘 배운 것이 내일 고물이 되는 속도로 진화한다. 그 진화의 속도를 견디는 힘은 어디에 있을까? 점수만 따온 공부벌레들이 진화의 속도에 스스로 적응할 수 있을까?

"유치원에서 고등학교 사이에 교사가 가르쳐야 할 것, 학생이 배워야 할 것은 과학이나 수학의 문제 풀이 기술이 아닙니다. 정말 가르치고 배워야 할 것은 '마음의 습관'입니다. 물고기를 가져다주지 말고, 그물질을 가르쳐야 합니다."

그물질에 해당하는 것이 '마음의 습관'이고, '배움의 태도'다. 김용이 말하는 '마음의 습관'에 대해서는 뒤에서 다시 다루겠지만, 배움의 태도가 제대로 몸에 밴 고교 졸업생들이야말로 다트머스대학과 같은 명문의 일원이 될 수 있고 명문의 교육과 훈육을 견딜 수 있다는 것이다.

자타가 공인하는 다트머스대학의 컴퓨터과학 전공자들은 4년 동안 철저한 교육을 받고 졸업한다. 그럼에도 다트머스대학의 컴퓨터과학 및 유관 학과 교수들은 "졸업생들은 아마 졸업 후 3년 동안 모든 것을 다시 새로 배울 확률이 높다"고 말한다.

교수들이 한가한 소리를 한다고? 아니다. 교수들은 그

물질을 가르쳤다. 학생들이 4년 동안 대학에서 배운 내용보다 중요한 것은 '배움의 기술'이라는 점을 그들은 잘 알고 있는 것이다. 컴퓨터과학의 추이와 현장 실무는 오늘 배운 것이 내일 고물이 되는 속도로 진화한다. 그 진화의 속도를 견디는 힘은 어디에 있을까? 점수만 따온 공부벌레들이 진화의 속도에 스스로 적응할 수 있을까?

학교는 진화의 속도에 스스로 발맞출 기술을 가르쳐주어야 하는 것이다. 학생도 이 교수법에 적응해야 한다. 나중에 학생들이 3년 동안 완전히 새로 배워야 하는 때가 오면, 제대로 배울 수 있도록 보다 '근본적인 기술'을 가르쳐야 하는 것이다. 김용은 덧붙여 말했다.

"이때 중요한 자질 중 하나가 '끈질김'입니다. 끈질김은 정말 중요합니다. 그런데 젊은 이들에게 끈질김을 가르쳐줄 수 있다는 겁니다. 한 영역에서 배운 것을 다른 곳에 적용하게 하는 일들이요. 이를 과학 전문용어로 '대체transfer'라고 합니다. 이는 한 주제에서 얻은 교육을 다른 곳에 적용하는 능력입니다."

대학 졸업 후 10년이 되면 다트머스대 졸업생이 가장 많은 연봉을 받는 것으로 통계 결과가 나옵니다. 다양하게 교육 받은 그들이 힘을 발휘하는 거죠.

끈질김으로 대체하고 적용하라는 것이다. 김용은 이 대목에서 다시 전통적인 글쓰기와 인문 교양의 중요성을 연결 짓는다.

텍스트를 해석하는 법, 그것이 인문학이다

"학생들은 다양한 글쓰기를 합니다. 우리는 이들이 다양한 글쓰기에서 통합적으로 글쓰기 능력을 향상시킬 수 있는 프로그램을 고민하고 있습니다. 다양한 모든 종류의 소통을 효과적으로 할 수 있도록 말입니다."

특히 김용은 인문학에 대해 다음과 같이 강조했다.

"일부 학교에서는 인문학과를 폐쇄하고 있다는데 옳지 않다고 봅니다. 글을 잘 쓰는 것은 읽는 법을 배우는 데서 출발하는 거니까요. 복잡한 텍스트를 정확히 해석할 수 있는 법을 배우는 것, 그게 인문학이거든요. 우리는 이런 일들에 대해 노력하고 있습니다. 4년간 대학에서 배운 것으로 사회에 나가 첫 직장을 갖도록 훈련시키는 게 아닙니다. 우리는 빠르게 변화하는 세상에 적응할 수 있는 능력을 길러주려는 것입니다. 좋은 나라의 훌륭한 교육기관이라면 이런 점에 집중해야 합니다."

물론, 그가 세상 물정 다 떠나 고답적인 말만 한 것은 아니다. 그는 누구보다 유연한 사고를 갖고 있는 사람이다. 세상 사람들이 먹고사는 이야기에 관심이 많은 것을 모를 리 없는 그이다. 한국 대학생들의 스펙 경쟁에 대해 들어보았냐고 묻자 그는 때를 만난 듯 이렇게 말했다.

"다트머스대 졸업생들도 취직 걱정을 하죠. 이곳을 졸업하고도 바로 직업을 찾지 못하는 학생들이 많습니다. 그런데 대학 졸업 후 10년이 되면 다트머스대 졸업생이 가장 많은 연봉을 받는 것으로 통계 결과가 보여줍니다. 다양하게 교육받은 그들이 힘을 발휘하는 거죠."

일부 학교에서는 인문학과를 폐쇄하고 있다는데 옳지 않다고 봅니다. 글을 잘 쓰는 것은 읽는 법을 배우는 데서 출발하는 거니까요. 복잡한 텍스트를 정확히 해석할 수 있는 법을 배우는 것, 그게 인문학이거든요.

〈논어論語〉 "위령공衛靈公" 편에 이런 문장이 나온다.
"배우고 있노라면 녹봉이 그 속에 있다學也祿在其中矣."
먹고사는 것도 큰일이다. 그러나 그것뿐이어서는 안 된다. 교양인이라면 보다 멀리 또 크게 보는 안목으로 공부해야 한다는 말이다.

당장 표가 나는 일에만 매달리는 사람들을 보며, 안타까운 마음에 "공부를 하다 보면 먹을 건 그 안에서 생겨" 하고 슬쩍 학생들을 격발했던 공자 또한 그 옛날 사립학교의 장이었다.

밖으로 나가다: 그 오랜 역사

세계 3대 국제기구, UN과 IBRD, IMF 이 세 기관 중 김용 총재의 취임으로 대한민국은 두 개 기관의 장을 한국인(혹은 한국계 미국인)이 맡는 시간을 갖게 됐다. 한국인이라면 누구나 자랑스러워지는 사실. 그렇다면 한국은 오늘날 김용, 반기문과 같은 국제인을 보기까지 어떤 경로를 거쳤을까? 몇몇 예를 살펴보자.

첫 유학생 파견 기록은 622년 고구려 영류왕 5년, 고구려에서 당나라로 유학생을 보낸 것에서 찾아볼 수 있다(《삼국사기三國史記》).

이후, 혜초(慧超, 704~787[추정])가 국제적인 공부꾼, 인정받은 교양인의 상을 세상에 떨쳤다. 혜초는 신라에서 당으로 갔다가, 당에서 다시 인도로 구법 여행을 떠났다. 이때 남긴 인도 대륙 여행기가 《왕오천축국전》이다. 이 책은 오늘날까

지도 8세기 인도 대륙의 현황 보고를 담은 문자 기록으로 그 사료적 가치를 인정받고 있다. 뿐만 아니다. 혜초는 인도 스님 금강지의 제자로 산스크리트어 불경의 한문 번역에 매진해 불교사에도 큰 업적을 남겼다. 벌써 이때부터 고향을 떠나 학문에 뛰어들어 큰 업적을 남기기 시작한 것이다.

최치원(崔致遠, 857~?) 또한 잊을 수 없는 유학생 가운데 한 명이다. 서기 868년 신라 경문왕 8년, 신라 경주 출신 열두 살 소년 최치원은 당나라로 유학 가는 뱃길에 올랐다. 이때 최치원의 아버지 최견일은 아들과 이별하는 자리에서 이런 말을 했다.

"10년 안에 과거에 합격하지 못하면 내 아들이 아니다. 가서 열심히 공부해라!"

이는 더하지도 빼지도 않은 《삼국사기》에서 그대로 인용한 문장이다. 최치원은 '아버지, 저 좀 봐주세요!' 하듯이 열여덟이 되던 해인 서기 874년, 당 예부시랑 배찬이 주관한 빈공과에 급제했다. 당나라에 유학한 지 6년 만의 일이었다. 이후 황소의 난 때에는 토벌군 지휘관인 고변의 막하에서 활약했고, 두 차례나 당 황제로부터 표창을 받았다. 나아가 그의 문집 《계원필경》은 신라 문화의 수준이 당제국의 수준과 비등함을 과시한 문화사적 쾌거였다.

최승우(崔承祐, 출생 연대 미상~936년)는 신라 말기의 문인

이들 모두는 열정에 넘쳤고, 미지의 세계로 가는 것을 두려워하지 않았다. 가족의 격려와 후원도 한결같았다. 참 오랜 기간 꾸준히 공부꾼을 내고, 가족 후원을 조직하고, 세계에 유학생을 보낸 민족이 바로 우리다. 김용의 피 속에 그 피가 흐르고 있다. 그리고 우리 각자의 피에도 그 피가 흐르고 있는 것이다.

이자 후삼국의 하나인 후백제의 문인이다. 최치원의 후손으로 당의 빈공과에 급제해 실력을 인정받은 인물이다.

최언위(崔彦撝, 868~944)는 열여덟 살에 당에 유학해 빈공과에 급제했다. 최치원과 마찬가지로 10대에 뭔가를 이룬 인물이다. 신라 출신이면서 고려 개국에 큰 공을 세웠고 신라와 고려에서 고위직을 두루 역임했다. 최치원/최승우/최언위를 "신라 삼최三崔"라 부르는데 셋 다 유학을 갔고 빈공과 급제를 통해 인정을 받은 것이다.

이 밖에 김인문(신라), 김운경(신라), 김가기(신라)/의상(신라), 의천(고려), 이색(고려) 등 유학생의 예는 일일이 헤아리기도 어렵다. 그리고 한결같은 공통점이 있다. 이들은 '새로운 지식'으로 무장했고 세속적인 가치에서 보더라도 '출세'하고 '성공'했다는 점이다. 그리고 조국에 뭔가 보탬이 되고자 노력했다.

그렇다면 근대에 들어서는 어떨까. 수많은 유학생이 탄생했지만 대표적인 예를 보자.

서재필(徐載弼, 1864~1951)은 1889년 조지워싱턴대学에 입학해 1890년 한국인으로는 최초로 미국 시민권을 취득했다. 1893년 대학을 졸업하고 의사 면허를 취득한 뒤 명문 펜

2장 누가 세계를 변화시킬 것인가?

실베니아대학에서 강의를 하기도 했지만 기술과학의 세계에 뛰어들어 본격적으로 전문직에 종사한 첫 예가 될 것이다.

여성 의사로는 박에스더(1876~1910)를 잊을 수 없다. 한국 최초의 여성 의사로 꼽히는 박에스더는 1896년 10월 미국 볼티모어 여자의과대학(존스홉킨스대학의 전신)에 입학해 공부했고 1900년 6월 의학박사 학위를 받았다. 하지만 그이는 귀국해 의료 활동에 매진하다 이른 나이인 34세에 사망했다. 박에스더에게는 눈물겨운 내조자가 있었다. 남편 박유산은 아내가 의사가 되기까지 농장에서 일하며 학비와 생활비를 감당했던 것이다. 그런데 제대로 된 의사가 되기 전에 그만 폐결핵으로 사망하고 만다.

아들딸이 전문직으로 출세하기를 바라며 수퍼마켓에서 청과물상에서 주류매장에서 세탁소에서 밤낮없이 일하던 한국인 부모가 그린 이민 신화의 연원은 이렇게 깊다.

하란사(河蘭史, 1875~1919)는 한국 최초의 여성 학사다. 1900년 일본으로 건너가면서 생애 첫 유학길에 오른 하란사 또한 남편의 외조를 받았다. 남편 하상기는 인천 감리라는 고위 세무 공무원직에 오르고 나서 하란사를 적극적으로 후원하기 시작했다. 남편은 어떻게 하란사가 지닌 학문에 대한 열정을 받아들였고, 인정하게 되었을까? 그만큼 하란사의 열정에 진심과 자신감이 묻어났기 때문일까? 하란사의 학문에 대한 열정은 일본에서 돌아온 뒤에도 계속되어 1902년 자비로 미국 유학길에 올랐고, 1906년 오하이오 주의 웨슬리안대학에서 문학사$^{B.A}$ 학위를 받았다. 한국 여성으로 미국에서 문학사 학위를 받은 최초의 인물이다. 나중에 귀국해서는 기독교 선교에 힘썼고, 1919년 의친왕을 파리강화회의에 보내 조선의 처지를 세계에 호소하기 위한 계획에 참여했으나 고종의 사망으로 일 자체가 물거품이 되었다. 그 뒤 하란사는 1919년 북경으로 갔다가 사망했는데, 여기에 독살설이 제기되고 있다. 특히 조선인 출신으로 이토 히로부미의 양녀가 되어 조선 정보 정탐의 첨병이 되었던 배정자가 하란사의 북경행을 미행했다는 으스스한 이야기가 전해지기도 한다.

　　아무튼 이들 모두는 열정에 넘쳤고 미지의 세계로 가는 것을 두려워하지 않았다. 가족의 격려와 후원도 한결같았다.

예술교육을 많이 받은 사람은 그렇지 않은 사람에 비해, 어떤 문제를 볼 때 두뇌의 여러 부분이 함께 움직입니다. 우린 이것이 인문과학 교육에도 똑같이 적용된다고 봅니다. 공학과 문학을 함께 공부하는 사람의 경우, 그들이 두뇌의 여러 부분을 발달시키기 때문에 문제를 볼 때 훨씬 창의적이고 혁신적으로 본다고 생각합니다. 다트머스가 다양한 활동을 강조하는 건 이 때문입니다.

참 오랜 기간 꾸준히 공부꾼을 내고, 가족 후원을 조직하고, 세계에 유학생을 보낸 민족이 바로 우리다. 김용의 피 속에 그 피가 흐르고 있다. 그리고 우리 각자의 피에도 그 피가 흐르고 있는 것이다.

　　　　　　　　　　2장 누가 세계를 변화시킬 것인가?

전환기의 새 인재상,
링크의 경영학으로 무장한
제너럴리스트

전환기의 새 인물, 새 인재상을 떠올릴 때, 가장 먼저 떠오르는 한국 역사 속 인물이라면 단연 정도전이다.

정도전(鄭道傳, ?~1398년)은 고려 말 조선 초의 문신으로 유학자이자 시인이었다. 또한 그는 외교관이자 정치가였으며, 사상가이자 교육자였다. 그리고 그는 한국의 초기 성리학자였으며 자는 종지宗之, 호는 삼봉三峯, 시호는 문헌文憲이다. 아버지는 형부상서 염의선생 정운경이고, 어머니는 우연의 딸 영천 우씨다.

과거 급제 후 성균관 등에 머무르며 성리학을 장려했고, 외교적으로는 권문세족에 대항하여 명나라와의 외교론을 주장했으며 이 일로 파직과 복직을 반복했다.

고려의 수구파, 친원파들에게 정치적 좌절을 당하고 귀양살이를 한 뒤에는 새로운 결심을 하게 된다. 이성계의 막

> 정도전은 오늘날 사회가 바라 마지않는 융합과 링크의 경영학을 구현한 인물이다. 새 왕조가 열리자 정도전은 수도의 확정, 수도의 기본 설계, 수도의 정궁인 경복궁의 설계를 모두 감당해냈다.

하에 있던 정몽주를 통해 이성계와 처음 인연을 맺게 되는데 그들과 함께 우왕과 창왕을 폐위시키고 공양왕을 추대했다. 이후 우리가 잘 알다시피, 조선 건국을 주도하고 개국공신에

올랐으며 조선의 이념적 바탕을 마련하고 체제를 정비해 조선왕조 500년의 기틀을 다진 인물이다. 원제국이 지고 명제국이 중원의 패자로 떠오르고 있던 거대한 교체기를 살다간 그는 이색 밑에서 정몽주와 동문수학한 새로운 유학 교양인이었고, 과거에 급제해 벼슬길에 오른 신진 관료였다.

이성계 옆의 정도전은 한마디로 왕조 교체의 설계와 실행을 담당한 제1급의 플래너요 디자이너였으며, 그의 플랜과 디자인은 새 왕조의 수도 건설과 체제 정비에도 두루 미쳤다.

이성계가 변방의 무장으로 여진족 기마병을 포함한 강력한 군사력을 보유한 신흥 무장이었다면, 정도전은 바로 신흥 무장의 아이콘과 정예문신관료의 접점이었다. 예를 들어 이성계는 정도전을 통해 조준, 권근 같은 쟁쟁한 인물과 연결되었다. 나아가 중소 지주계급까지 이성계에게 링크한 인물이 정도전이었다. 신흥 무장–신흥 문신–중소 지주는 정도전에 의해 링크되었고 그들과 손을 잡았다. 정도전은 오늘날 사회가 바라마지 않는 융합과 링크의 경영학을 구현한 인물이다.

새 왕조가 열리자 정도전은 수도의 확정, 수도의 기본 설계, 수도의 정궁인 경복궁의 설계를 모두 감당해냈다. 거대한 기획의 입안자이기도 하지만, 특정한 업무가 맡겨지면 일선에서 시행, 시공, 감리까지 얼마든지 해냈다. 곧 특정 업무에서도 최고의 전문가이고 여러 업무를 총괄하는 데서도 얼마든지 능력을 발휘했다. 이것 이다. 전환기의 인재상은 융합 과 링크를 이해하는, 적용할 줄 아는 스페셜리스트 겸 제너

이 세상에 필요한 건 아주 복잡한 조직에서 서로를 파괴하지 않으면서 함께 공동으로 일하고, 무엇보다 높은 공동의 목표를 위해 협업하는 사람들입니다. 그게 제일 어려운 것 같아요.

럴리스트여야 한다. 중심을 잡고 있되 유연하게 상황에 대처해야 하는 것이다.

김용이 바라는 인재상이 바로 이런 것이다. 현실적인 인재 양성 방법으로 인문학 교육을 강조하는 김용의 인문학은 지독히 고전적인 예술까지 포함하고 있다.

"예술교육을 많이 받은 사람은 그렇지 않은 사람에 비해, 어떤 문제를 볼 때 두뇌의 여러 부분이 함께 움직입니다. 우린 이것이 인문과학 교육에도 똑같이 적용된다고 봅니다. 공학과 문학을 함께 공부하는 사람의 경우, 그들이 두뇌의 여러 부분을 발달시키기 때문에 문제를 볼 때 훨씬 창의적이고 혁신적으로 본다고 생각합니다. 다트머스가 다양한 활동을 강조하는 것은 이 때문입니다."

오늘날 세계는 21세기의 특수한 전환기를 맞고 있다. 포스트모던이 지속되고 있는가 하면, 자본주의 대 사회주의의 패턴도 패러다임의 교체기에 서 있다. 이럴 때 더욱 요구

되는 덕목은 역시 융합과 링크의 리더십이다. 김용은 이렇게 말했다.

"우리가 필요한 건 아주 복잡한 조직에서 서로를 파괴하지 않으면서 함께 공동으로 일하고, 무엇보다 높은 공동의 목표를 위해 협업하는 사람들이 이 세상에 필요합니다. 그게 제일 어려운 것 같아요. 저는 그런 사람들을 훈련하고 가르칠 수 있다고 생각합니다. 그것이 다트머스에서 제가 할 일이고 집중할 일입니다."

3장
아들아
넌 누구냐?

한국인 이민 1.5세대 김용은 어떻게 오늘날과 같은 인물이 된 것일까? 어린 시절이나 성장기 그에게는 어떤 다른 것이 있었던 것일까? 그를 좌우의 양 날개로 날게 한 부모의 이야기를 자세히 들여다보자.

김용은 다섯 살에 부모님의 손을 잡고 미국으로 갔다. 참으로 한적한 시골, 마크 트웨인이 아름다운 저녁노을에 찬사를 보냈다는 아이오와 주 머스카틴에 그의 가족은 보금자리를 마련했다.

그가 왜 의학의 길을 택했는지는 앞서 소개했듯이, 아버지가 해준 조언의 영향이 크다.

김용은 마틴 루터 킹 목사의 암살 사건이 났던 아홉 살 때 '세상의 불평등을 없애겠다'

'무엇이 되고 싶고 무엇을 하고 싶은지 아는 것은 좋다. 하지만 힘든 일을 먼저 해라. 확실한 실력을 가져라. 세상에 진정으로 기여할 수 있는 단단한 실력을 키워라' 그다음에 하고 싶은 일을 하라.

는 다짐을 했고, 그 다짐은 대학 초년생을 자연스럽게 정치학과 철학으로 이끌었다. 앞으로 무슨 일을 하고 싶냐는 아버지의 질문에 김용은 정치학이나 철학 공부를 하고 싶다고 말했고, 아버지는 인턴십이나 끝내고 나서 아무거나 한다고 얘기하라며 핀잔을 주었다.

김용은 그 당시 아버지의 조언이 가장 적절한 것이었음을 살면서 확인했다고 말했다. 그의 아버지의 조언에는 가난한 나라 이민 1세대의 고민과 불안이 절실하게 표현된 것일 수 있다. 김용이 어린 시절을 보낸 머스커틴은 당시만 해도 길에 지나가는 동양인을 쳐다보던 시대였다. 이민 1세대 부모들은 이민 1.5세대 또는 2세대 자녀들에게 '남의 나라에서 소수민족으로 차별받지 않고 살기 위해서는 남들보다 훨씬 더 뛰어나야 한다'고 누누이 강조했을 것이다. 대개 한국 이민 1세대들은 잡화점, 주류소매점, 청과물시장, 어시장, 세탁소, 미용실 들에서 여느 미국인보다 두세 배 많은 일을 하면서 자녀들을 가르치고 생계를 잇고, 저축까지 했다. 철저한 현실주의자가 될 수밖에 없는 상황이었고, 그들은 말 그대로의 의미인 실용주의자가 될 수밖에 없었다. 이는 치과의사인 김용의 아버지도 마찬가지였다.

김용은 그때를 이렇게 회상했다.

"일단 실력을 가져라. 그리고 그다음에 세상을 바꾸는 것이 네가 진정 원하는 거라면 그때 해라. 그렇게 말씀하신 거죠. 제 생각에 세상이 많이 바뀌었습니다. 하지만 전 여전히 젊은이들에게 같은 조언을 합니다. '무엇이 되고 싶고 무엇을 하고 싶은지 아는 것은 좋다. 하지만 힘든 일을 먼저 해라. 확실한 실력을 가져라. 세상에 진정으로 기여할 수 있는 단단한 실력을 키워라' 그다음에 하고 싶은 일을 하라고 말합니다."

자녀가 의사, 판검사, 교수 등의 전문직. 즉 어떠한 상황에서도 안정적인 생활을 할 수 있기를 바라는 부모의 마음은 1,000년 전과도 겹쳐진다. 앞서 본 최치원의 경우를 보자.

서기 868년, 열두 살 소년 최치원이 당나라로 유학을 떠날 때 최치원의 아버지 최견일은 10년 안에 과거에 합격하지 못하면 내 아들이 아니라고 했다. 가서 열심히 공부하라는 말이었다.

최치원의 집안은 골품제라는 신분제 차별의 굴레에서 가장 억울한 집단인 6두품에 속했다. 성골 또는 진골에 들지 못

3장 아들아 넌 누구냐?

하기에 아무리 실력이 있어도 나라의 핵심 권력, 핵심 행정에는 결코 참여할 수가 없었다. 아버지 최견일의 말은 골품제의 굴레를 벗어날 수 없었던 6두품 지식인의 절박함이 깃든 외침이었다.

신라에서는 인정받을 길조차 없었기 때문에 당제국의 외국인 임용 과거시험인 빈공과에라도 급제해서 해외에서 먼저 인정을 받으라는 것이었다. 그렇게 되면 신라 중앙에서도 제국에서 인정받은 인재라고 뽐낼 수 있으며, 중앙의 결정에도 참여하는 인재로 클 수 있다고 본 것이다. 현실적으로 가문의 한을 풀 수 있는 길은 이 길뿐이며, 혼자가 아니라 가문의 대표이기도 하니 가족을 짊어지고 공부하라는 이야기였다.

실용이 실존이었던 아버지와 철학자 어머니

김용의 아버지 김낙희 씨는 한국전쟁 당시 열일곱의 나이로 고향인 북한 남포를 떠나 혈혈단신, 홀로 월남했다. 혼자 몸으로 서울대학 치과를 졸업한 김낙희는 뉴욕으로 유학을 떠났고, 뉴욕 유학 시절에 한 한인 모임에서 전옥숙 씨를 만나 결혼했다. 이쯤되면 김낙희 씨가 "일단 전문직부터, 일단 사회적 발언권부터 얻어라"라는 훈육을 김용에게 퍼부은 소이가 충분히 설명될 것이다. 김용의 아버지에게 실용은 실존이었다.

한편 김용의 어머니 전옥숙 씨는 맨주먹, 혼자 몸으로 세상을 헤쳐온 아버지의 반대쪽에 있는 사람이다. 전옥숙 씨는 경기여고를 수석으로 졸업한 뒤 아이오와대학에서 퇴계 이황 연구로 철학박사 학위를 받은 지식인 여성이다. 한 지인은 전씨에 대해 "전쟁으로 어머니를 여의고 동생들을 돌보려고 마산에 머물면서 당시 경기여고의 부산 피난 학교까지 통학했다"고 말했다.

전옥숙의 아버지이자 김용의 외조부는 시인 전병택이고, 외삼촌은 현재 성균관대 유학동양학부 초빙교수로 재직하고 있다. 그는 김용의 정신적 스승으로 알려져 있는데, 서울대 철학과와 프린스턴대 신학교 석사를 마친 뒤 뉴욕주립대 교수를 지냈다. 이후 2004년부터 서울로 와서 성균관대에서 학생들을 가르치고 있는 현역 연구자다. 트레이시 키더에 따르면 전옥숙은 신학자이자 문명비평가인 라인홀드 니부어Reinhold Niebuhr와 개신교 신학자 폴 틸리히Paul Tillich 등과 함께 유니온 신학교에서 공부했고, 유교 사상을 연구했다. 그러나 남편 김낙희 씨를 만나고부터는 가정을 돌보는 데에만 전념했다고 한다. 한 인터뷰에서 김용이 묘사한 어머니의 모습은 이렇다.

"경기여고를 수석 졸업하고 장학금을 받아 미국 유학을 오신 어머니는 철학과 신학을 공부하셨어요. 지금도 퇴계 이황과 율곡 이이에 대한 책을 쓰고 계실 정도로 왕성한 활동을 하신 분입니다. 제가 어렸을 때부터 퇴계와 마틴 루터 킹 목사에 대한 얘기를 들려주시며 큰 뜻을 품고 세계를 위해 봉사하라고 가르치셨어요. 열 살 때부터 봉사활동을 하며 살고 싶다고 생각한 것도 다 어머니에게 영향을 받은 겁니다."

2009년 김용이 다트머스 대학교 총장에 임명되고 나서, 한국 언론들은 김용뿐 아니라 가족 인터뷰까지 싣기 위해 그 야말로 야단법석이었다. 특히 몇몇 여성지들은 "아이를 어떻게 키웠나" "다트머스대 총장 엄마의 특별한 자녀 교육법" 등을 내걸고 전화 인터뷰를 시도했다고 한다. 그때 전옥숙 여사는 이렇게 말하며 한사코 거절했다.

> 김용의 어머니 전옥숙은 아이들이 시사 문제에 민감한 사람이 되도록 가르쳤다. 또한 아이들에게 전쟁의 참상과 기아의 고통을 전하는 뉴스를 보게 할 뿐만 아니라, 그 뉴스를 어떻게 해석해야 하는지를 알려주었다.

"그저 자식을 키우는 엄마의 일을 여느 엄마들과 다름없이 했을 뿐인데, 아들의 직장을 가지고 다른 엄마들과는 다르다는 착각을 퍼뜨리고 싶지 않습니다."

김용은 이런 부모 밑에서 나고 자랐다. 열일곱 나이에 고향을 떠나 혼자 세상을 헤쳐나간 아버지, 세상풍파를 머리와

성실함만으로 헤치고 나가 당시 한국인 누구에게나 꿈만 같
았던 도미 유학생이 되어 전문직에 이른 아버지, 그리고 청년
시절부터 빼어난 철학도들과 교류하며 철학과 한국 철학사의
전통을 파고든 어머니.

　김용 총장은 한 연설에서 이렇게 말했다.

　"가장 실질적인 직업인 치과의사로 일하신 아버지는 내게
근면의 미덕을, 철학을 공부하신 어머니는 다른 사람에 대한
존중을 가르쳐주셨습니다."

　미국 백인 주류사회에서 무시당하지 않고 살기 위해 우
선 "하버드대 출신 의사"라는 세상의 가치를 염두에 둔 아버
지의 훈육이 김용에게 큰 영향을 미쳤음은 물론이다.

　단순하게만 보면 세상 쓴맛을 아는 아버지가 이민 1.5세
대 아들을 의사로 만들었다고 할 수도 있겠다. 그러나 전옥
숙 씨는 그 나름의 현실적이면서도 이상적인 훈육법이 있었
고, 이는 김낙희 씨의 훈육과 아주 자연스럽게 연결돼 김용
을 키워내는 데 완벽한 조화를 이뤄냈을 것이다. 그러니 어찌
보면 아버지의 실용적인 생각과 어머니의 철학적 가르침은 칼
로 자르듯 분명히 구분 짓기 어려운, 오히려 아버지와 어머니
의 여러 배경이 어우러져 한 인간을 키워내는 데 합력하여 작

용했다고 보는 것이 적절한 분석일 것이다.

1964년, 김용이 다섯 살 때 가족은 아이오와 주 머스카틴으로 이민을 갔다. 그곳에서 전옥숙은 미국 특유의 스포

그냥 착하게 사는 건 없다. 확실하게 기술을, 예측 능력을 가져야 한다. 그 능력을 가지고 방향을 잡는 것은 추상적인 말 같지만 철학이다. 학문을 경멸할 것인가, 숭배할 것인가, 이용할 것인가! 김용은 어려서부터 이를 이미 훈련하고 있었던 것이다. 아주 자연스럽게.

츠 문화를 아이들에게 가르치고자 했다. 아직 골프를 치기에는 너무 어린 나이임에도 아이들을 데리고 골프장으로 산책을 나갔다. 또 세상이 머스카틴처럼 작고 좁지 않다는 점을 아이들에게 일깨워주기 위해 시카고나 디모인 같은 대도시로 아이들과 자주 나들이를 했다.

또한 부엌은 엄마와 아이들의 토론장이었다. 규칙적으로 출근해야 하는 아버지는 무슨 대단한 얘기가 그리도 길어지냐며 투덜거리다 잠자리에 들곤 했다. 전옥숙 씨는 그런 밤에 아이들에게 "영생을 누리고 있는 것처럼" 살라고 가르쳤다고 한다.

한편 전옥숙은 아이들이 시사 문제에 민감한 사람이 되도록 가르쳤다. 또한 아이들에게 전쟁의 참상과 기아의 고통을 전하는 뉴스를 보게 할 뿐만 아니라, 그 뉴스를 어떻게 해석해야 하는지를 알려주었다. 김용이 대학생이 된 후에 아버지로부터 "야 임마, 인턴십이나 끝내고 나서!" 하는 소리를 들

었다지만, 실은 이미 그 어린 나이에 어머니의 가르침 속에서 "고통을 치유하는 직업"을 상상하게 되었다고 한다. 그러고 보면 김용을 의사라는 직업으로 이끈 사람은 아버지만이 아니었던 것이다.

실제적인 사람은 학문을 경멸하고, 단순한 사람은 학문을 숭배하며, 현명한 사람은 학문을 이용한다. 왜냐하면 학문은 그 자신의 사용법을 가르쳐주지 않기 때문이다. 그것은 학문 바깥에 있는, 학문을 초월한 관찰로서 얻어지는 지혜다.

김용은 아시아계가 거의 없는 머스카틴에서 간혹 인종주의적인 멸시를 받을 때, 오히려 어머니로부터 "인간은 평등하며 서로 존중해야 한다"는 격려 섞인 가르침을 받았다고 했다. 1968년 아홉 살 때 흑인인권운동가 마틴 루터 킹 목사의 암살 소식을 접하고 "사회 정의를 위해 일하자"고 결심했다는 이 두 일화는 그의 수련의 시절과 전혀 모순되지 않는다.

막스 베버는 그의 저서 《직업으로서의 학문》에서 이렇게 말했다.

"학문은 모든 형태의 주술로부터 세계를 해방시킨다. 오늘날 우리는 미개인처럼 주술에 호소하여 나쁜 귀신을 물리친다거나 기도를 한다거나 할 필요가 없다. 기술과 예측이 그것을 대신하는 것이다. 이것이 바로 학문을 하는 이유다."

3장 아들아 넌 누구냐?

그냥 착하게 사는 건 없다. 확실하게 기술을, 예측 능력을 가져야 하는 것이다. 그 능력을 가지고 방향을 잡는 것은 추상적인 말 같지만 철학이다. 학문을 경멸할 것인가, 숭배할 것인가, 이용할 것인가! 김용은 어려서부터 이미 훈련하고 있었던 것이다. 아주 자연스럽게.

이 대목에서 프랜시스 베이컨의 《학문에 관하여》의 한 구절이 떠오른다.

"학문이 경험에 의해 한정되지 않으면, 학문은 너무나 막연한 지시를 주는 데 지나지 않는다. 실제적인 사람은 학문을 경멸하고, 단순한 사람은 학문을 숭배하며, 현명한 사람은 학문을 이용한다. 왜냐하면 학문은 그 자신의 사용법을 가르쳐주지 않기 때문이다. 그것은 학문 바깥에 있는, 학문을 초월한 관찰로서 얻어지는 지혜다."

숙제는 금요일!: 아버지의 공부법

김용은 나와의 인터뷰에서 아버지의 교육은 보다 더 기술적이고 전략적이었다고 회상했다.

"아버지께서 아주 재밌는 기술이 있으셨는데 '금요일인 지금 공부해라. 일요일에 숙제를 하려고 미뤄둔다면 일요일에는 숙제를 못하게 하겠다.' 물론 우린 숙제를 안 했죠. 그래서 일요일이 됐는데 '이제 안 된다. 숙제할 시간을 놓쳤다. 안 돼! 숙제하지 마라' 하셨어요. 당연히 저희는 당황했죠. 그런 일을 여러 차례 겪으면서 공부는 제때에 열심히 해야 한다는 것을 경험적으로 배웠어요. 아버지는 실용적인 분이셨고 치과의사로서 사람들의 고통에 마음을 썼습니다. 열심히 공부해서 의대를 갔고 사회를 위해 헌신해야 한다고 믿으셨어요."

김용과의 인터뷰 곳곳에는 그가 고통받는 이들에 대해 마음을 쓰고 있음을 알게 해주는 대목들이 눈에 띈다. 이것은 아마도 아버지의 영향이 컸던 것으로 보인다. 한국전쟁을 열일곱 나이로 겪은 분인 만큼 고통은 실존이었을 것이다. 그렇다면 그 고통은 어떻게 경감시킬 수 있을까? 고통의 종류는 여러 가지겠지만, 일단 가장 직접적인 고통은 육신의 통증부터 덜어야 하지 않겠는가. 그러자면 의사가 되어야 하고, 그러자면 부지런히 공부를 해야 한다는 지극히 현실적인 전략이 서는 것이다. 이 소박하고도 자연스런 생각의 흐름에는 개인의 영달만을 좇는 이기심이나 계산이 깃들 여지가 없어 보인다.

"'이 세계를 위한 나의 책임은 뭘까? 뭘 해야 할까?' 그래서 제가 내린 결론은 내가 가진 경쟁력으로 가장 어려운 문제를 해결해보자는 것이었어요. 제 경쟁력이라면 의술과 인류학이었으니까, 그리고 인류학은 서로 다른 문화를 이해하는 능력이죠. 그래서 '이 세계에서 가장 큰 문제는 무엇인가?' 에이즈, 결핵…, 이 같은 것들이 여전히 생명을 잃게 하는 가장 치명적인 질병입니다. 전염성이 있는 질병의 경우에 더욱 그렇죠. 그래서 자연스럽게 그 문제와 직면하게 됐습니다."

나중에 대학 초년생이 되어 들은 아버지의 "임마, 의사해!"라는 말 안에는 단순히 표면적으로만 해석할 수 없는, 어머니 전옥숙 씨의 가르침에 맞먹는 정말 복잡한 속내가 깃들어 있었던 것이다. 그 말 안에는 '고담준론도 좋지만 실용적인 지식도 배워야 한다. 세상에 나갈 때는 단지 '어떻게 할 것인가'만이 아니라 '무엇을 어떻게 할 것인가'를 알아야 한다'는 속내가 함께 있었던 것이다.

'젊었을 때 고생은 사서도 한다'는 말이 있죠. 많은 면에서 그 어려운 시기를 지나야 했던 세대들에 비하면 저희는 약합니다. 그러나 그런 고생을 치르신 분들의 유산이 저희에게 전달됐다고 생각합니다. 그 유산이 저희의 뼈에 새겨져 있다고 생각합니다.

한 인터뷰에서 김용 총장은 자신이 의대를 마치고 인류학을 공부한 이유를 이렇게 설명했다.

"아버지의 말은 내 인생에 큰 영향을 끼쳤습니다. 나는 먼저 의사가 되었고, 그 때문에 보다 실제적인 입장을 갖게 됐습니다. 사람들이 부딪히는 실제 문제를 풀어나가야 한다는 생각을 갖게 됐죠. 나는 여전히 철학과 정치학에 대한 열망을 잃지 않았습니다. 세상의 문제를 철학과 정치학적 시각으로 보려고 했고, 그 때문에 의사가 된 뒤에 인류학을 다시 공부했습니다."

김용은 아버지의 가르침을 아버지의 유산으로 자연스럽게 받아들였다. 훈육이라기보다 강요에 가까운 압력으로 '출세'를 바라는 부모를 오늘날 한국 사회에서는 너무 자주 만나게 된다. 또한 그것에 대한 반발로 아예 부모 세대와 대화를 끊은 젊은 세대도 많다. 아버지가 자연스럽게 아들을 훈육할 수 있고, 그것이 정도이며 사랑임을 알기에 아들이 아버지의 훈육을 기억해야 할 유산으로 받아들이는 풍경을 김용 가족은 우리에게 보여주고 있는 것이다.

"한 가지 꼭 말씀드리고 싶은 건, 특히 어른들…, 한국전쟁을 기억하시는 분들, 경제를 세우느라 어렵게 일하신 분들, 제 부모님을 포함해 미국의 제 부모님 세대들, 그분들이 하신 일과 그분들의 희생에 깊이 감사하다고 말씀드리고 싶습니다. '젊었을 때 고생은 사서도 한다'는 말이 있죠. 많은 면에서 그 어려운 시기를 지나야 했던 세대들에 비하면 저희는 약하니다. 그러나 그런 고생을 치르신 분들의 유산이 저희에게 전달됐다고 생각합니다. 그래서 그 유산이 저희의 뼈에 새겨져 있다고 생각합니다."

'금요일인 지금 공부해라. 일요일에 숙제를 하려고 미뤄둔다면 일요일에는 숙제를 못하게 하겠다.' 물론 우린 숙제를 안 했죠. 그래서 일요일이 됐는데 '이제 안 된다. 숙제할 시간을 놓쳤다. 안 돼! 숙제하지 마라' 하셨어요. 당연히 저희는 당황했죠.

철학자 어머니의 가르침: 세계의 문제가 바로 네 문제다

김용은 어머니로부터 "너는 누구인가"라는 질문, "위대한 것에 도전하라"는 주문을 많이 받았다고 했다. 구체적으로는 이런 식이었다.

"'마틴루터킹, 간디, 워싱턴을 생각해봐라, 세상에 무슨 일이 일어나고 있니?' '마음을 열고 사고를 넓혀라.' '좋은 책을 읽어라.' 어머니는 다른 어머니들과는 좀 달랐어요. '열심히 공부해라'만 이야기하지 않으셨어요. 대신에 '넌 누구냐?' '세상에 무엇을 줄 수 있느냐?' '세상이 어떻게 보이느냐?' '세상에 좋은 게 뭐냐?' '누가 가장 위대한 사고를 하는 사람이냐?' '어떤 사람이 될 수 있느냐?' 이런 것들이 가장 중요한 질문이었어요."

역시 철학도다운 면모다. 널리 알려진 대로, 김용의 어머니는 퇴계 철학 연구로 박사학위를 받은 분이다. 어머니의 가르침은 아버지의 실용주의와 조화를 이루었다.

"어머니는 철학자였어요. 퇴계 이황을 연구하셨고 또 유교철학을 공부하셨어요. 때문에 어머니는 사고 영역이 넓은 분이셔서 커다란 문제들을 생각하시고, 저희에게 '마틴 루터 킹' 같은 현대의 위대한 철학자들을 소개해주셨죠. 그래서 그 조합, 그러니까 실용적인 아버지와 생각이 아주 크신 철학적인 어머니가 환상적인 조합을 이룬 것입니다."

우린 아주 작은 마을에 살고 있었지만, 우리가 생각하는 세계는 무한히 컸어요. 그게 가장 중요한 점인 것 같습니다.

퇴계 사상을 공부한 철학도 어머니는 근본적인 질문으로 아들을 이끌었다. 그들의 가족은 미국 시골에 앉아서 사상적 세계 여행을 다닌 셈이다.

김용이 인터뷰 도중 아래의 이야기를 하던 순간, 내 마음은 잠시, 인터뷰어로서 나를 잊고 엄마로서의 내 자리로 옮겨 앉고 있었다. '나는 내 아들에게 어떤 세계를 보여주고 있는가?' 그가 들려준 이야기는 이런 것이었다.

"우린 아주 작은 마을에 살고 있었지만, 우리가 생각하는 세계는 무한히 컸죠. 그게 가장 중요한 점인 것 같습니다."

3장 아들아 넌 누구냐?

서둘러 인터뷰어의 자리로 다시 돌아와 앉은 내게 김용은 다음 이야기를 이어갔다. 자신이 받은 가르침을 자신의 아이들에게도 물려주는 이야기였다.

"다트머스대의 존 슬론디키 12대 총장이 평소 학생들에게 '세계의 문제는 너희의 문제다 The world's troubles are your troubles' 라는 말을 자주 했습니다. 내 아이들도 항상 이런 생각을 품고 살았으면 합니다. 세계의 문제에 대해 고민하고 해결책을 찾는 데 기여하려는 마음을 갖고 살도록 애쓰고 있습니다."

어머니는 다른 어머니들과는 좀 달랐어요. '열심히 공부해라'만 이야기하지 않으셨어요. 대신에 '넌 누구냐?' '세상에 무엇을 줄 수 있느냐?' '세상이 어떻게 보이느냐?' 이런 질문을 제게 하셨습니다.

오하이오 시골에서 부활한 퇴계

그렇다면 어머니와 아들을 이런 상상력으로 이끈 퇴계 이황은 어떤 인물일까. 워낙 방대한 저술을 남겼고 발걸음이 컸던 분이라 요약하기도 만만찮다. 그러나 큰 숨 한번 쉬고 정리해볼 테니 독자 여러분도 큰 호흡 한번 하고 이황과 친해지시길.

철학 하면, 특히 이황 하면 그 자체로 눌리는 무게감과 부담이 있으나 김용, 우리가 알고 싶어하는 21세기 인재형이 어떻게 만들어졌는지 궁금증을 키운다면 흥미진진한 이야기가 될 것이다.

이황(李滉, 1501~1570년)은 조선 중기의 문신이자 학자였으며, 교육자이자 화가였고 시인이었다. 또 시대의 사상가였으며 대성리학자이기도 했다. 늘 정치보다는 학문을 지향한 인물이었다. 여기까지는 자주 듣던 설명.

중종 23년에 생원시에 입격하고 성균관에 들어가 수학했으며 문과에 급제해 관직에 나갔다. 홍문관을 거쳐 풍기군수를 지냈고 서원을 지원했다. 명종의 친필 사액賜額을 받아 백운동서원을 소수서원으로 만든 그는 사액서원의 선례를 만들었으며, 사림파의 세력이 확장하는 결정적인 계기를 마련했다. 하지만 형 이해가 을사사화로 희생된 후 여러 번 관직이 제수되었으나 사퇴하고 낙향해 후학들의 양성에만 전념했다. 여기까지는 인터넷을 검색하면 바로 뜨는 설명들이다. 그런데 오늘날 우리는 천 원권 지폐 속 인물로만 퇴계 이황을 기억하고 있는 것은 아닐까.

'공자' '맹자' 하는 말은 위대한 스승에 대한 존칭이다. 영어식으로 말해 'schola the great'다. 전통적 유학에서, 조선 유학자로 "자"를 받은 대학자가 이황이다. "이자李子"란 말이다.

오늘날에도 이황 사상을 연구하는 '퇴계학'이라는 분야가 활성화되어 있다. 한국뿐만 아니라 미국, 일본, 대만, 홍콩, 독일 등 세계 각지에 퇴계학회가 설립되어 연구 활동을 하고 있다. 중국이 국력으로 공자문화원을 세계 곳곳에 들이밀고 있다면, 세계가 먼저 알아보고 이름 빌리기를 소망한 대사상가가 바로 이황이다. 우리는 이황을 좀더 알아야 하고 그의 사상을 더 가까이 두고 연구하며 습득할 필요가 있다.

이황이 스스로 집을 짓는 행위에 대해서 해석해보면 그가 한편에서는 추상을, 한편에서는 구체를! 연습한 것이 아닌가 싶다. 한편에서는 우주와 삶의 추상적 진리를, 또 다른 한편에서는 지구에 두 다리로 굳게 서 있는 상황 인식을 훈련한 것인지도 모른다.

이익, 정약용 등이 이황 학통의 계승을 자처했고, 임진왜란 이후 일본으로 그 학문이 전해져 일본 사상사의 르네상스를 이루었다. 일본 근대 유학의 아버지로 손꼽히는 후지와라 세이카, 정약용도 높이 평가했으며, 오늘날 일본 생태사상에서 그 위상이 막대한 하야시 라잔, 일본 유학의 대가로 인정받는 야마자키 안사이 등이 모두 이황을 존경하고 칭송했다. 중국 중세와 현대의 교체기 최대의 학자로 손꼽히는 양계초 또한 이황을 존경해마지 않았다.

다산은 이황의 교육자적인 면모를 이렇게 평가했다.

"일일이 실행을 통해서 많은 인재를 길렀으며 누구든 어떤 부문이든 가르쳐 모두 대도에 이르게 했다. 중도에 폐하는 사람이 없이 끝까지 가르쳤으며, 학문을 닦아 선생의 뒤를 잇게 했다. 퇴계 선생의 가르침을 읽으면 손뼉치고 춤추고 싶으며 감격해서 눈물이 나온다. 도가 천지간에 가득 차 있으니 선생의 덕은 높고 크기만 하다."

건축가 이황의 미크로코스모스: 축소-재현된 우주

이황은 벼슬하라는 조정의 명을 일흔두 차례나 물리친 인물이다. 특이한 것은 벼슬하는 대신 고향으로 와서 집을 지었다는 이야기다. '집을 짓는다.' 철학자인 이황이 집을 짓는다는 것은 어떤 의미였을까. 이황은 뒤로 물러나 집짓는 모습을 구경만 한 것이 아니라 집의 전체 디자인에 적극적으로 개입했다. 성리학의 도상학을 디자인에 적극적으로 반영한 것이다. 심지어 건축의 화룡점정인 가구 디자인에도 직접 나섰다.

건축은 자연과 인간의 조화에서 승부가 난다. 당시의 건축은 비싼 땅값을 아끼기 위해 지어대는 서울 시내 아파트 짓기가 아니었다. 내 사는 고을의 산과 물의 자연스러운 흐름을 해치지 않으면서도 그 지형을 풍경으로 활용해야 하는 '더불어 짓는' 건축이었다.

건축은 무엇보다 인간과 자연이라는, 어찌 보면 추상적인 존재에 파고들어야 하는 작업이다. 동시에 자재를 조달하고, 부동산 문제를 해결하고, 인부를 부리고, 마감을 하고, 관청과 건축법을 놓고 다투기까지 해야 하는 까다로운 작업이다.

그러니 철학자 이황이 스스로 집을 짓는 행위에 대해서 해석해보면 그가 한편에서는 추상을, 한편에서는 구체를! 연습한 것이 아닌가 하는 추측이 가능하다. 한편에서는 우주와 삶의 추상적 진리를 또 다른 한편에서는 지구에 두 다리로 굳게 서 있는 상황 인식을 훈련한 것인지도 모른다. 건축가 이황의 철학에 파고들며 김용의 어머니 전옥숙은 추상과 구체를 아우르는 진경을 맛보았을지도 모르겠다.

> 천하가 다 내 집이다. 내 집에 천하를 구현할 수 있다. 거기가 다만 오하이오의 한적한 시골일 뿐이라도 나의 소우주(미크로코스모스)를 지을 수 있다. 그리고 나의 소우주에서 대우주(매크로코스모스)를 만날 수 있는 것이다.

이황은 건축가가 되어 고향 땅에 집을 짓고, 독서당인 도산서당을 지었다. 이 도산서당은 나중에 도산서원으로 몸을 바꾸었다. 이때 도산서당은 그에게는 성리학의 세계가 축소 재현된 도상이었다. 도산서원에 기거하며 독서하고 천하의 진리를 묵상한 것이다.

고인古人도 날 못 보고 나도 고인古人 못 뵈

고인을 못 봐도 예던 길 앞에 있네

예던 길 앞에 있거든 아니 예고 어쩔꼬.

_이황, 〈도산십이곡〉 연작 가운데서

건축가 이황의 모습을 알지 못했다면, 이황의 이야기를
여기 풀어놓는 것이 그저 고답적 이야기를 늘어놓는 것으로
오해할 수 있겠지만, 아니다. 스스로 집을 지었던 이황의 이
야기를 보며 우리는 이런 생각을 해볼 수 있다. 이황은 우주
와 삶의 진리에 대해 탐구했지만, 실제 자신이 기거하는 집과
서원을 지으면서 그가 우주에 대한 연구로부터 얻으려 했던
소우주, 그러니까 우리 인간 세계의 진실에 대해 탐구해보지
않았겠는가 하는 생각이 들었다. 이황은 실제 건축과 조경을
통해 인간 세상의 소우주, 나라는 한 인간의 소우주, 미크로
코스모스를 구현한 것이다. 그는 자신이 만든 자신의 소우
주, 미크로코스모스에서 노니는 기쁨을 이렇게 노래했다.

청산青山은 어찌하여 만고萬古에 푸르르며

유수는 어찌하여 주야晝夜에 긋지 아니는고

우리도 그치지 말고 만고상청萬古常靑하리라

_이황, 〈도산십이곡〉 연작 가운데서

3장 아들아 넌 누구냐?

천하가 다 내 집이다. 내 집에 천하를 구현할 수 있다. 거기가 뉴욕이 아니고, 시카고가 아니고, 워싱턴디씨가 아니라도 거기가 다만 오하이오의 한적한 시골일 뿐이라도 나의 소우주(미크로코스모스)를 지을 수 있다. 그리고 나의 소우주에서 대우주(매크로코스모스)를 만날 수 있는 것이다. 어머니로부터 이황 철학에 대해 전해들은 김용은 어머니의 가르침 속에서 작은 머스커틴 마을에 살면서도 세계를 품는 이상을 갖게 된 것이 아니겠는가. 김용은 일찌감치 이황의 덕을 보고 있었던 것이다.

누가 지켜보니 하는 척하는 게 아니고, 누구에게 보이기 위해서가 아니고, 그저 묵묵히 자신이 해야 한다고 생각하는 일을 끊임없이 해나가는 것! 이것이 조선의 아웃라이어, 이황의 간단하고 분명한 가르침이다.

아웃라이어!
역시 공부는 근육

이황 또한 아웃라이어의 면모가 있었다. 이황이 제시한 학문하는 방법은 이러했다.

"다만 부지런하고 수고스럽게 하며 독실하게 하는 데 있으니, 이렇게 하여 중단됨이 없으면 입지가 날로 강해지고 학업이 날로 넓어질 것이다."

독서에 대해서도 마찬가지였다. 겉만 핥고 지나치는 것을 경계했고, 독서인이 익숙해질 때까지 파고들어 체득하는 공부를 강조함이 다음과 같았다.

"그저 익숙하게 읽는 것뿐이다. 글을 읽는 사람이 비록 글의 뜻은 알았으나 만약 익숙하지 못하면 읽자마자 곧 잊어버리게 되어 마음에 간직할 수 없는 것은 틀림없다. 이미 읽고 난 뒤에 또 거기에 자세하고 익숙해질 공부를 더한 뒤라야 비로소 마음에 간직할 수 있으며 흐뭇한 맛 또한 있을 것이다."

그냥 좋은 사람이 아니라 '어떻게' 좋은 사람이 될 것인가, 막연히 기여하는 게 아니라 '어떻게' 기여할 것인가, '무엇'으로 좋은 사람이 되며 '무엇'으로 유효한 도움을 줄 것인가?

결국 끊임없이 배우고 익히다 보면 그것이 내 것이 되고, 그 과정을 '지겹다' '공부를 안 할 수만 있다면'으로 받아들이지 않고 진정 즐길 수 있게 되면, 그것이 내가 삶을 살아가는 데 필요한 근육을 키우게 된다는 것! 이것이 바로 말콤 글래드웰의 아웃라이어의 주장, 즉 1만 시간의 법칙이 말하는 내용과 같은 것이리라. 김용이 그의 제자들에게 강조하는 '근면'과 '끈기'는 바로 이러한 주장들과 일치하는 것이다.

이황의 철학과 사상을 한 자로 응축한 글자를 꼽으라면

3장 아들아 넌 누구냐?

'경敬'이다. 경은 혼자 있으면서도 삼갈 줄 아는 태도다. 누가 보지 않아도 흐트러짐이 없는 뭔가를 시작하기 전에는 반드시 먼저 '왜 하는지'에 대한 뜻을 세우는 정신적 준비 단계를 거쳐야 한다. 이는 현대 학습이론의 준비성 및 동기 유발의 개념과도 상통한다. 자세다. 누가 지켜보니 하는 척이 아니고, 누구에게 보이기 위해서 하는 것이 아니고, 그저 묵묵히 자신이 해야 한다고 생각하는 일을 끊임없이 해나가는 것! 이것이 조선의 아웃라이어, 이황의 간단하고 분명한 가르침인 것이다. 또 한번 기분 좋은 소름이 돋지 않는가. 시간의 종, 시대의 횡을 넘어 관통하는 진리를 발견함이. 왕도는 없다. 지름길도 없다. 뚜벅뚜벅 목표한 길을 걷는 것 외에는.

'무엇'을 '어떻게' 할지 알아야 한다

살펴보았듯, 김용이 받은 부모님의 교육은 특히 어머니의 이황 공부는 아들에게 깊은 영향을 미쳤을 법한 부분이다. 그냥 좋은 사람이 아니라 '어떻게' 좋은 사람, 막연히 기여하는 게 아니라 '어떻게' 기여할 것인가, '무엇'으로 좋은 사람이 되며 '무엇'으로 유효한 도움을 줄 수 있는가? 김용의 어머니가 끊임없이 아들에게 질문을 던진 것은 김용 스스로 사유하게 하고 스스로 답을 찾아 자신이 찾은 답대로 노력하기를 원해서였을 것이다. 그러나 이런 질문들은 결코 한번에 답하기 어려운 질문이다. 우리는 그의 어머니가 연구한 이황으로부터 답을 추측해볼 수 있다.

이황은 '무엇을'이 아닌 '어떻게'의 문제에 대해 정신적 준비 태세를 갖추는 것으로 설명했다. 예를 들어 '입지立志', 뜻을 세운다는 것은 공부를 하는데 있어 '왜?' 하는 것인지에 대해 근본적 질문을 하는 것에서부터 시작해야 한다는 가르침이다. 무슨 일을 하든, 시작하기 전에 반드시 먼저 할 것은 '왜 하는지'에 대한 뜻을 세우는 정신적 준비 단계를 거쳐야 한다는 말이다. 이는 현대 학습이론의 준비성 및 동기 유발의 개념과도 상통한다.

또한 이황이 제시한 '지행호진설知行互進說'은 우리 인간의 나약함과 불완전성을 꿰뚫은 철학자가 우리에게 경계해야 할 지점을 지정해준 것이다. 선善인 줄 알면서도 그것을 다 실천하지 못하는 사례가 있듯이 '지'와 '행'은 그러니까 아는 것과 행동하는 것은 분명히 다른 것이므로 생각은 행동에, 행동은 생각에 영향을 미치면서 함께 발전시켜 나아가야 한다. 새의 양 날개처럼 '지'와 '행'이 서로 간섭하고 감시하고 호혜하면서 함께 나아가야 한다고 주장한 것이다.

좋은데 '어떤' 좋은 사람? 열심히 하는데 '어떻게' 열심히? 이 질문은 서로가 서로를 간섭하며 앞으로 나아가게 해준다. 우리는 '앞으로!'를 외치는 환경에서 자랐고 생활하고 있다. 그러다 보니 왜 앞으로 나아가야 하는지, 어떤 방향으로 어떻게 나아가야 하는지 생각해볼 겨를도 없이 휩쓸려 나아가고 있는지도 모른다. 그래서 대학에 가도 사회에 나가도 중년이 되어도 방향을 잃은 듯, 가져도 가지지 못한 듯, 이 길을 걷다 보면 어떤 길이 나올지 두려워하며 불안하게 걷고 있는 것이다.

내가 만나본 김용은 톱엘리트들이 흔히 갖고 있을 법한 예민함이나 권위 의식 같은 것과는 전혀 거리가 먼 사람이었다. 엘리트적이면서 인간적이고 융통성이 있는 사람이었다.

> '지'와 '행'은, 아는 것과 행동하는 것은 분명히 다르므로 생각은 행동에, 행동은 생각에 영향을 미치면서 함께 발전시켜야 한다. 새의 양 날개처럼 '지'와 '행'이 서로 간섭하고 감시하고 호혜하면서 함께 나아가야 한다.

특히 돋보인 것은 그의 유머감각과 온화한 자신감이었는데, 그것은 그의 내부 깊은 곳에 자리 잡고 있는 어떤 강한 뿌리에서 나오는 안정감에 기반을 둔 듯한 인상을 주었다. 그의 어머니가 어린 김용에게 이황 철학의 뿌리를 쉽게 풀어주며 그의 생각의 근육을 키워준 탓일까. 그것이 그의 깊숙한 뿌리의 근본은 아닌지, 다만 나의 추측일 뿐이다.

반골 정신과
사회정의

"반골反骨"이라는 말이 있다. "뼈가 거꾸로 솟아 있다"는 뜻으로, 권세나 권위에 타협하지 않고 저항하는 기질, 또는 그런 사람을 이르는 말이다.

유학을 이끈 사람들은 반골들이었다. 정도전은 낡은 집 고려를 부순 반골이었다. 거꾸로 새 왕조 조선의 무도함을 꾸짖어 함께하지 않겠다고 조선에 등을 돌린 두문불출의 선비들도 있었다.

세조가 조카 노산군(단종)의 왕위를 빼앗고 수많은 사람을 죽이자 당대의 권력 세조에게 직접 도전했던 생육신이 있었다. 싸우다 죽지 못해도 권력과 끝내 친하지 않았던 사육신이 있었다.

조선은 사대부의 나라다. 재야에서 유학 교양에 매진하면 선비, 곧 "사"이고 조정에 들어가 벼슬하면 "대부"다. 그런데 언제 조정에 나가야 하는가?

한 선비가 유학의 교양이 넘친다 해도, 세상이 무도하고 조정에 제대로 된 정사가 없다면 나갈 수 없다. 평생 못 나갈 수도 있다. 게다가 양반이 어느새 귀족화되자, 서울 노론만 벼슬하는 세상이 되자, 이 꼴도 못 보겠다며 아예 돌아앉은 선비도 많았다.

퇴계 이황은 살아생전에 수십 차례에 걸쳐 벼슬을 사양

했다. 이황은 능력이 없고 불러주는 임금이 없어서 시골에 처박힌 선비가 아니었다. 자신이 스스로 밀어낸 것이다. 이황은 벼슬자리를 사양할 수밖에 없는 이유를 이렇게 제시했다. 21세기를 사는 우리에게도 하나씩 곱씹으며 적용하고 생각해볼 만한 자세다.

- 어리석음을 숨기면서 벼슬자리에 오르는 것은 도둑질이다.
- 병으로 몸을 못 쓰게 된 자는 녹봉을 도둑질하는 것이다.
- 헛된 명성은 세상을 속이는 것이다.
- 잘못인 줄 알면서도 무릅쓰고 벼슬에 나아가는 것은 잘못이다.
- 직무를 수행하지 못하면서도 물러나지 않는 것은 잘못이다.

조선 선비는 대개 반골이었다. 반골 선비들은 정말 나라가 어려워질 때, 임진왜란 때나 병자호란 때나 을미의병 때나 을사의병 때나 맨주먹을 들고라도 일어났다. 침략자는 또 다른 불의의 힘이니까. 선비라면 당연히 맞서야 하니까.

앞서 소개한 김용의 로빈 후드 소동은 유명한 일화이지만, 제도가 현실 구제에 쓸모가 없을 때 김용은 담당 관리와 싸우고 국제기구와 얼마든지 싸웠다. 혹 이런 가르침을 받았기 때문은 아닐까?

"어머니께서 가르쳐주신 것은 실제로 유교학자들은 시골에서 소박하게 살았다는 겁니다. 그리고 정부 밖에서 왕을 비판하는 사람들이었죠. (어머니께서 알려주시길) 90퍼센트의 유교학자들은 실은 반체제주의자들이었을 거라는 겁니다. 가난한 사람들을 어떻게 해야 하는지, 사회정의를 듣고 계속해서 싸우는 사람들이었기 때문입니다. 실은 한국의 유교 전통에서 남존여비만 부각되고 있는 상황인데 실은 뚜렷한 사회정의 사상이 있었다는 겁니다. … 어떤 종교를 보든지 기독교, 유대교, 이슬람도 그렇고 사회정의에 대한 의식이 강력하게 깃들어 있습니다."

김용의 이런 발언에는 재야로 물러나와 유학 경전을 읽고 있는 옛 선비들의 생각이 배어 있다. 선비가 글을 읽을 때는 권력욕이 있어서가 아니다. 그가 누누이 강조하는 이야기 "나는 무엇이 되고자 하는 것을 생각하지 않았고, 무엇을 할 것인지 고민했습니다"라는 이야기. 어느 자리에 오르기 위해서, 세상의 권력자가 되기 위해서가 아니라 자신이 생각하는 균형을 이루기 위해서, 가난 속에 질병의 이중고를 껴안고 살아야 하는 이들을 위해 무엇을 해야 하는지 고민한 것은 어머니의 가르침에서부터 시작된 것이다.

김용은 그가 이룬 많은 것에 겸손하게 답하지만 배우고

아는 그대로 행해온 그의 삶은 절대로 간단하지 않았을 것이다. 무엇이 그런 그의 태도를 이끌어냈는지 알고 싶은 욕심, 그렇게 해서 나의 사랑하는 독자들과 공유하고 싶은 욕심에 잘 알지도 못하는 이황 철학까지 들어가며 살펴보았다. 나는 어린 김용이 어머니로부터 받았을 가르침의 내용이 너무나 궁금하다. 다 알 수는 없지만 그래도 다행인 것은 김용의 행보를 더듬어보며 짐작할 기회가 있었다는 것이다. 평소 자신의 아들들과 제자들에게 "마음 습관"을 강조하는 김용의 정신세계가 큰 그릇으로 다가온다.

유학자들은 시골에서 소박하게 살았고, 정부 밖에서 왕을 비판하는 사람들이었죠. 90퍼센트의 유학자들은 실은 반체제주의자들이었을 거라고 합니다. 가난한 사람들을 어떻게 해야 하는지, 사회정의를 듣고 계속해서 싸우는 사람들이었기 때문입니다.

| 2부 |

김용의 '마음 습관'

1장

글로벌시티즌이
되라

김용이 다트머스대학의 총장이 되면서 학생들에게 강조한 한마디는 어떤 것이었을까. 그의 취임사를 축약한다면 "세계를 무대로" "발로 뛰어" "사회정의를 찾는" 정신을 다트머스의 교육 목표로 삼겠다는 선언이었다. 다시 말해, 온통 세상이 내 중심으로 돌아가는 것에서 벗어나 그저 종이 위의 앎이 아닌 행동을 통해 전 인류를 위한 그 무엇을 하도록 학생들의 마음과 정신을 자극하고 교육하겠다는 것이었다.

언제부터인가 한국 사회에서는 Globalization, 즉 세계화를 강조하기 시작했다. 자신감을 갖고 이제는 밖으로 뻗어

나가자는 취지도 있었지만 세계인이 되지 않고서는, 우물 안 개구리가 되어서는 세계와의 경쟁에서 살아남을 수 없다는 생존적 대비에 관한 뜻도 포함되어 있었다.

　정부 차원에서 세계화를 주장하기 시작한 것이 과거 김영삼 대통령 시절이었고, 이후 현재까지 우리는 급변하는 세계와 동시에 변화하고 있는 한국을 목격했다. 그러나 세계화를 외친 지 20여 년이 지난 지금도 우리는 세계화를 이루고 있는지에 대한 물음에는 갸우뚱할 수밖에 없다. 게다가 중요한 점은 너무 빠른 속도로 모든 것이 변화, 혹은 진화하면서 세계화의 취지와 정의가 달라지고 있기 때문에 그 변화의 흐름을 놓치면 몇 년 전에는 세계화의 일환이었더라도 현재는 아닌 상황이 올 수도 있다는 것이다.

글로벌시티즌의 정의와 가치

스스로 또는 자녀를 '글로벌시티즌으로 교육시키고 싶으세요?'라고 물으면 '아니요'라고 대답할 사람이 있겠는가. 그러나 정작 글로벌시티즌이 무엇인지, 그 정의가 무엇인지 하는 질문에는 꿀 먹은 벙어리가 되기 십상이다. 무엇인지, 어디를 향해 뛰고 있는지 모른 채 열심히 뛰는 건 머리를 땅에 박고 비지땀만 흘리는 격이다. 21세기, 우리가 사는 현재, 우리가 살아갈 가까운 미래에 글로벌시티즌의 정의definition와 가치는 어떤 것이어야 하는가.

김용은 어머니가 그에게 누누이 강조했듯, 그의 제자들에게 '눈을 크게 뜨고 멀리 바라보라'고 강조, 또 강조한다. 동시에 왜 멀리, 왜 넓게 바라보아야 하는지에 대해 가르치고자 한다. 김용은 나와의 인터뷰에서 이런 말을 했다.

저는 세상의 문제들을 해결하기 위해 씨름하는 보다 나은 인간을 길러내는 데 필요한 일을 할 것입니다. 그렇게 하려면 음악, 예술, 문학, 체육 등 다양한 분야를 통해 젊은 이들의 정신을 개발하는 데 중점을 두어야 합니다.

"다트머스대학의 전임 총장 중에 존 슬런디키라는 분이 계십니다. 존 슬런디키 씨는 미국무부 홍보처장이었습니다. 1945년 8월 당시 말입니다. 그때 그분이 다트머스대학의 차기 총장이 될 거라는 사실이 공표되었습니다. 그런데 바로 그 8월에 미국은 히로시마와 나가사키에 원자탄을 투하했습니다. 그래서 다트머스의 차기 총장인 존 슬런디키 씨는 대중 앞에서 미국이 일본에 원자탄을 투하한 것에 대해 변호를 해야 했던 것입니다. 존 슬런디키 씨가 다트머스대에 왔을 때, 그는 이 문제로 심각한 고민을 해야 했죠. 스스로에게 계속 물었어요. '우린 방금 핵전쟁을 시작했고 세계에서 가장 파괴적인 폭탄을 사용했는데 내가 다트머스대학 총장으로서 학생들에게, 우리 스스로 지구를 날

려버리는 이런 실수로부터 스스로를 보호하는 방법을 어떻게 가르쳐야 하는 것이지?'라고요. 1946년 최초로 다트머스대학 평의회가 열렸을 때, 그러니까 취임 1년 후죠. 그는 신입생들에게 이렇게 말했습니다. '두 가지를 기억해달라. 하나는 세상의 문제는 여러분의 문제다. 둘째, 세상의 문제는 모두 마음에서 나온 것이기 때문에, 보다 나은 인간^{better human being}이 해결할 수 없는 문제란 없다.'"

존 슬런디키의 예를 들며 김용은 이렇게 덧붙였다.

"그게 바로 이곳에서의 저의 역할입니다. 저는 세상의 문제들을 해결하기 위해 씨름하는 보다 나은 인간을 길러내기 위한 일을 할 것입니다. 이제 우리는 핵 절멸의 위협에 예전보다는 덜 노출되어 있는데, 이는 존 슬런디키 씨가 정말 열심히 사람들의 의식을 일깨워왔기 때문일 것입니다. 그 덕분에 우리는 냉전과 핵 절멸의 위기에서 벗어날 수 있었죠. 하지만 우리에겐 많은 문제들이 있습니다. 환경적 지속가능성에서부터 건강문제까지, 사회복지에서 모두를 위한 교육에 이르기까지, 너무나 많은 문제들이 있어서 저는 이 문제들을

김용은 어머니가 그에게 누누이 강조했듯, 그의 제자들에게 '눈을 크게 뜨고 멀리 바라보라'고 강조한다. 동시에 왜 멀리, 왜 넓게 바라보아야 하는지에 대해 가르치고자 한다.

해결하기 위한 보다 나은 인간을 위해 할 일이 많은 겁니다. 그렇게 하려면 음악, 예술, 문학, 체육 등 모든 것으로부터 젊은이들의 정신을 개발하는 데 중점을 두어야 합니다. 우리는 이 모든 것을 고려해서 다트머스에서 젊은이들에게 제공할 수 있는 최선의 교육환경을 마련해주려고 합니다."

더 좋은 교육을 위해 총장으로서 다양한 분야의 고민을 하지 않을 수 없는 그는 그 모든 복잡다단한 숙제를 풀 원칙으로 학생들에게 "세상의 고민은 먼 나라 이야기가 아니라 나의 고민, 우리의 고민"이라는 것을 강조했다. "세상의 고민을 나의 고민"으로 생각하고 준비해서 행동할 수 있는 자세와 가치관, 이것이 21세기 우리가 생각해봐야 할 글로벌시티즌의 자세다.

세상의 고민은 바로 나의 고민이다

자, 그런데 나는 여기서 또 한번 강조하고 싶은 것이 있다. "세상의 고민을 나의 고민"으로 "생각"만 하는 것은 절대로 글로벌시티즌의 충분조건이 되지 않는다. 세상의 고민, 이것이 진정 인간이 해결해야 할 고민인지 먼저 제대로 정확히 알아야 한다. 그다음엔 그 문제를 해결하기 위해서 내가 무엇을 해야 하는지 정확히 파악하는 것이 중요하다. 그리고 실질적 해결을 위해 내가 무엇을 공부하고 훈련하고 준비해

김용은 "세상의 고민은 먼 나라 이야기가 아니라 나의 고민, 우리의 고민"이라는 점을 강조했다. "세상의 고민을 나의 고민"으로 생각하고 준비해서 행동할 수 있는 자세와 가치관, 이것이 21세기 글로벌시티즌의 자세라는 것이다.

야 하는지, 또 엄청난 노력을 한 다음에는 용기 있게 나아가는 행동력까지 갖추어야 한다. 이것이 김용이 부연설명해주고 싶었던 것은 아닐까. 구호는 공허할 뿐이다. 구호가 세상을 변화시켜주지 않았다. 준비하고 행동하는 사람이 세상을 변화시켰다. 김용이 그러했듯.

김용은 코리안 아메리칸을 대상으로 연설할 때면 다음과 같은 말을 강조한다. 50~60년대에 태어난 부모 세대와 현재 2010년대를 살아가는 사람들의 가치관에는 큰 차이가 있겠지만 그럼에도 그의 이야기에 귀 기울여 생각해볼 지점이 있다.

"한국과 미주 한인사회는 이미 '잘 먹고 잘 사는' 수준을 넘어섰습니다. 이제는 소외된 곳과 우리의 역량이 필요한 곳으로 눈을 돌려야 합니다. 지난 25년간 아프리카 등에서 공중보건에 앞장설 수 있었던 것은 이민 1세들이 땀과 노력으로 기본적인 경제적 기반을 세웠기 때문이라고 생각합니다. 차세대 한인들은 이제 세계인을 위한 일을 찾아서 해주길 바랍니다."

미국인으로서 미국인 엘리트들을 대할 때에도, 미국의 한국계로서 한국계나 한국인을 대할 때에도 김용이 빠뜨리지 않고 강조하는 것이 지금의 울타리를 넘어 '세계'로 나아가는 것이다. 그가 취임사에서 말한 "새로운 지식을 찾아내는 연구"도 마찬가지다. 이제까지의 학제와 학문 영역에만 머무른다면, 교수와 대학 기구가 이제까지의 영역에서 알음알이로 쌓은 학연의 울타리 안에 안주한다면 무슨 새로운 지식을 찾아낼 수 있겠는가. 이기적인 목적의 지식 습득을 넘어 세계의 공영을 이루기 위한 지식 습득과 교육이 되어야 하는 것이다.

구호는 공허할 뿐이다. 구호가 세상을 변화시켜주지는 않았다. 준비하고 행동하는 사람이 세상을 변화시켰다. 김용이 그러했듯.

"부모님과 제가 한집에서 살 때 종종 '잘 먹고 잘 살아야 해' 하셨어요. 한국 사회에서는 참 강력한 말이죠. 제게는 많은 이민 1.5세대 친구들이 있는데요. 그들의 부모님들은 이렇게 말씀하십니다. '내가 너를 위해 얼마나 희생했는지 아느냐? 내가 박사학위가 있음에도 불구하고 지금 식료품가게에서 일하는 이유는 너에게 공부할 기회를 주기 위해서다. 그러니까 너는 반드시 성공하고 큰 집을 가지고 잘 살아야 한다.' 그러나 세월이 지나면서 이 친구들이 '큰 집을 지니고 편안한 삶을 사는 것이 전부일까?' 하고 생각하는 것 같습니다. 저는 큰 집에 살고 편안한 인생을 사는 데 집중한 적이 없습니다. '세상의 무엇이 가장 문제이며 내가 어떻게 해결할 수 있을까?' 하는 것이 저의 관심사였습니다. 오로지 아들딸의 성공만을 위해 하루 종일 일한 이민 1세대는 자녀에게 자신의 모든 것을 쏟아 부었습니다. 이들은 문화예술에도, 시사에도 눈 뜰 겨를이 없었죠. 이러는 사이에 이들의 세계는 점점 '그들만의 리그'로 좁아질 수밖에 없었습니다. 미국에 와서도 미국이 제공하는 국제적 통로를 충분히 활용하지 못하고 살아온 것입니다. 다행스럽게도 저는 아이들을 먹이고 교육시키기 위해 식료품가게를 운영해야 했던 세대가 아니었기 때문에 사회정의를 생각해볼 여지가 있었을 뿐입니다. 그 점을 지적하고 싶습니다. 우리나라는 충분히 역경을 견뎌왔습니다. 60, 70년대 공장에서 힘들게 일한 여성분들이 계셨고, 그들이 한국의 기적을 이룬 영웅들입니다. 그러나 이제 우린 많은 것을 가지고 있고, 한국은 여러 면에서 훨씬 나아졌습니다. 그러니 이제는 우리의 책임을 생각해야 할 때입니다. 한편으론 제 부모님께 너무 감사합니다. 비단 제 부모님만이 아니라 희생을 감내했던 그 세대에게 감사합니다. 그러니 돈을 많이 벌어서 부모님께 번듯한 집을 사드려야 하는 것이 아니라 우리 세대의 책임은 달라져야 한다고 생각합니다. 한국인으로서 한국만의 어려운 문제뿐만 아니라 세계의 어려운 문제들을 위해 나서야 한다고 생각합니다. … 일본을 예로 들면 개발도상국 투자가 대폭 증가했습니다. 중국 또한 그렇습니다. 아프리카 전역에 있어요. 다리와 집을 짓는 등 많은 일을 하고 있죠. 타이완도 마찬가지입니다. 그런데 '한국은, 한국인은 대체 어디에 있는 것인가?' 그런 생각이 들었습니다. 개인적으로는 바로 지금이 '한국이 세계에 어떤 일을 할 것인가'를 고민할 좋은 시기라고 생각합니다."

저는 큰 집에 살고 편안한 인생을 사는 데 집중한 적이 없습니다. '세상의 무엇이 가장 문제이며 내가 어떻게 해결할 수 있을까?' 하는 것이 저의 관심사였습니다.

고통에서 온 '강인한 유산'을 기억하라

김용의 한국과 한국계 걱정은 한국사의 어려운 시기에 대한 이해와 이민 1세대에 대한 정당한 감사를 전제로 하고 있다. 그리고 한국과 한국계가 우물 안에서 나태해지는 것, 우물 안에서 활력을 잃는 데 대한 경계까지 담고 있다.

"젊을 때 고생을 겪어야 하는 환경에서 태어난 게 아니라면 그런 경험을 할 수 있는 곳을 찾아야 합니다. 이것이 한국인으로서 고민해야 할 문제라고 생각합니다. 풍요로운 삶, 좋습니다. 그러나 그것이 돈을 많이 벌어서 부모님께 번듯한 집을 사드려야 하는 것이 아니라 우리 세대의 책임은 달라져야 한다고 생각합니다. 한국인으로서 한국만의 어려운 문제뿐만 아니라 세계의 어려운 문제들을 위해 나서야 한다고 생각합니다.

우리 민족의 기질은 아닙니다. 우리 민족의 기질은 고통에서 기인했습니다. 우리는 그 강인함의 유산을 기억하고 잃지 않도록 노력해야 합니다."

구체적으로 어떤 준비가 필요할까? 김용은 한국의 학부모들에게 이런 조언을 한다.

"자녀들에게 배움에 대한 열정과 세계의 일들에 대한 호기심들을 갖도록 만드는 게 제일 중요합니다. 앞으로 점점 더 중요해질 겁니다. 우리는 다양한 분야에서 훌륭한 학생을 찾고 있어요. 어린 나이에도 다른 사람에 대한 깊은 관심을 갖는 학생을 찾고 있습니다. 다른 어떤 곳에서도 쉽게 만나보지 못할 사람들로 구성해 학교 전체를 풍부하게 만들고 싶습니다. 획일화된 것을 원하지 않아요. … 언어도 중요한 기본 준비죠. 적어도 두 가지 이상의 언어를 배우는 것이 중요합니다. 영어와 중국어를 할 수 있으면 좋겠지요. 그런데 알아둘

것이 있습니다. 영어는 강박의 대상이 아니라 그냥 도구라는 것이죠. 유용하기에 갖춰야 할 도구입니다. 점수를 따려고 배우는 것이 아닙니다. 영어에 붙들리지 말고 영어를 써야 합니다. 도구로 써야 하는 거죠. 그 도구는 앞으로 세계로 나갈 때 꼭 필요한 것입니다."

김 총장이 첫 번째로 강조한 것은 "끈질김 persistence"이었다. "우리가 학교에서 정말 가르쳐야 하는 것은 과학이나 수학보다 '마음의 습관'이라는 것이죠. 자료를 보고 배울 수 있는 능력을 길러주어야 합니다. 그들이 4년 동안 다트머스에서 배운 내용보다 더 중요한 것은 '배움의 기술'이라는 겁니다. 이것이 정말! 중요합니다. 우리는 그 기술을 학생들에게 가르쳐야 합니다."

취임사를 통해 김용이 강조한 것을 정리하면 다음의 네 가지로 요약할 수 있다.

"1)열정을 갖고 2)인내심을 기르며 3)자신만의 학습방법을 찾고 4)세계를 품는 글로벌 학생이 되라."

"작은 마을에서 무한히 큰 세계"를 품었던 김용이 말하는 글로벌시티즌이 되기 위해서는 가슴에 큰 뜻을 품고 세계를 바라보되 스스로 준비하고 훈련해야 할 숙제가 정말 많다는 것을 깨닫게 한다.

무엇을 빠뜨리면 안 되는 것일까. 무엇을 준비해야 하는 것일까.

1장 글로벌시티즌이 되라

김용이 강조하는
'마음 습관'

김용은 총장 취임 2년차인 2010년, 학생들에게 특별한 강연을 했다. 나는 그 연설문을 받아들고 이 연설을 듣지 못한 한국의 학생들에게 한 줄 한 줄 큰 소리로 읽어주고 싶었다. 그는 총장이 된 후에도 학생들을 제대로 가르치기 위해 무엇을 해야 하는지 늘 연구했다. 인상 깊었던 그 날의 강연은 김 총장 자신이 최근 뇌와 지능의 발전에 대한 공부를 했다는 이야기에서부터 시작되었다.

"최근에 제가 책을 한 권 읽었습니다. 그 책에서는 뇌신경 생성이 18세에서 24세에 가장 활달한 활동이 일어난다고 주장하고 있습니다. 다시 말하면, 그 시기의 뇌 활동이 우리가 생각했던 것보다 훨씬 중요하다는 것이었어요."

이 지점부터 내 호기심은 급속히 증가되었다. 만 24세면 대학도 졸업한 뒤라는 이야기고 만 18, 19세면 대학에 입학하는 시기다. 신입생 환영회, 취업의 좌절, 혹은 취업 축하 등으로 술독에 빠지는 일이 비일비재한 시기가 아닌가. 그런데 바로 그 시기에 뇌신경 생성이 제대로 발달한다는 것이다. 그렇다면 무엇으로 젊은 뇌를

> 취임사를 통해 김용이 강조한 것을 정리하면 다음의 네 가지다. "1)열정을 갖고 2)인내심을 기르며 3)자신만의 학습방법을 찾고 4)세계를 품는 글로벌 학생이 되라."

자극시킬 것인가, 그다음 이야기가 궁금하기 짝이 없었다. 젊은 날의 지적 발달에 대한 이야기로 강연을 시작한 김 총장은 결국, 이 시기에 필요한 것은 "마음의 습관Minds of Habit을 잘 들이는 일"이라는 주제로 강의를 풀어갔다. 그가 말하는 마음의 습관은 구체적으로 무엇을 말하는 것일까.

끈질김, 대체 능력, 충동 관리

김 총장이 첫 번째로 강조한 것은 "끈질김 persistence"이었다. 김용은 다트머스에서 가진 2011년의 두 번째 인터뷰에서 이런 말을 했다.

"우리가 학교에서 정말 가르쳐야 하는 것은 과학이나 수학보다 '마음의 습관'이라는 것이죠. 자료를 보고 배울 수 있는 능력을 길러주어야 합니다. 다트머스대학에서 컴퓨터과학을 전공한 학생들은 4년 동안 철저한 교육을 받고 졸업합니다. 그런데 컴퓨터과학 교수가 하시는 말씀이 그들은 졸업 후 3년 동안 모든 것을 다시 새로 배워야 할 확률이 높다는 겁니다. 과학과 기술이 워낙 빨리 발전하니까요. 그러니 그들이 4년 동안 다트머스에서 배운 내용보다 더 중요한 것은 '배움의 기술'이라

는 겁니다. 이것이 정말! 중요
합니다. 우리는 그 기술을 학
생들에게 가르쳐야 합니다. 물
론 그들이 졸업 후 3년 동안 완
전히 새로 배워야 하는 시기에

'배움의 기술'에서 가장 중요한 자질 가운데
하나는 '끈질김'입니다. 끈질김은 정말 중요
합니다. 끈질김을 훈련시켜야 하는 거죠. 또
하나 중요한 것은 '대체transfer' 능력입니
다. 한 영역에서 배운 것을 다른 분야에 적
용하는 능력이죠.

제대로 빨리 습득할 수 있도록 근본적인 공부는 가르쳐야겠
지요. '배움의 기술'에서 가장 중요한 자질 가운데 하나는 '끈
질김'입니다. 끈질김은 정말 중요합니다. 끈질김을 훈련시켜
야 하는 거죠. 또 하나 중요한 것은 '대체transfer' 능력입니다.
한 영역에서 배운 것을 다른 분야에 적용하는 능력이죠. 이
는 한 주제에서 얻은 교육을 다른 곳에 적용하는 능력인데 학
교에서 이 능력을 키우는 교육을 시키고 있는지, 교육자들은
자문해보아야 합니다. 또 다른 것으로 제가 강조하는 것은
'충동 관리managing impulsivity'입니다. 충동을 관리할 줄 아는
능력을 키우는 것은 매우 중요합니다. 한국에는 깊은 명상의
전통이 있어요. 저는 지금 한국에서 스님이 된 친구로부터 명
상을 배웁니다. 과학 연구에서는 명상이 신체적 건강에 중요
할 뿐 아니라 학습에도 도움이 되고, 다른 사람과 소통하는
데도 도움이 된다고 합니다. 종교에서 수세기 동안 이미 알고
있었던 것이 과학으로 입증된 것이죠. 명상은 아시다시피 학
습뿐만 아니라 정신건강이나 웰빙에도 중요합니다. 모든 학

생에게 명상을 가르치진 않지만 캠퍼스에 명상그룹이 있어서 배우고 싶은 사람에겐 늘 열려 있습니다. 아직은 커리큘럼에 넣지 않았지만 생각해봐야 할 일입니다."

그가 강조하는 능력은 '배움의 기술'로서 그 기술을 배우는 방법은 결국 우리의 마음을 훈련하는 것이었다. 김용은 마음을 훈련하는 것도 배울 수 있다고 확신했다.

마음 훈련도 학습이 가능하다

이쯤에서 다시 생각해보자. 이미 보았듯, 김용이 강조한 훈련의 요체가 "마음"이다. 김용이 말한 '배움의 기술'의 바탕도 "마음"이다. 더구나 김용은 마음 훈련이 학습 가능하다고 말한다.

김용이 "저의 역할은 아이들이 100 또는 1,000시간 동안 고군분투하는 시간을 통과하게 하고 결국에 대가가 되기 위한 1만 시간을 채우도록 돕는 겁니다"라고 할 때에도, "성공한 사람은 재능이 아니라 인내심을 갖고 있다"고 할 때에도 결국 출발과 바탕은 마음(心)의

하늘과 땅 사이에 탁 트인 마음이 호연지기다. 호연지기는 공명정대해서 조금도 부끄러울 것 없는 도덕적 용기로 승화된다. 사람이 이쯤되면 사물에 구애되는 바 없이 자유롭고 즐거운 마음으로 낯선 세상과 만날 수 있다.

습관 아닌가. 우물 안에 갇힌 '나'를 벗어나 세계로 나갈 때에
도 결국은 내 마음이 먼저 움직여야 하는 것이다.

"태산에 오르니 천하가 작구나!(登泰山, 小天下)"라는 말이 있다. 〈맹자孟子〉에 인용된 공자의 말이다.

김용이 강조하는 능력은 '배움의 기술'로서 그 기술을 배우는 방법은 결국 우리의 마음을 훈련하는 것이었다. 그는 마음을 훈련하는 것도 배울 수 있다고 확신했다.

공자의 고향은 산동성 한 구석의 곡부다. 미국으로 치면
오하이오 머스카틴 같은 촌구석이다. 공자는 촌구석에서 천
하를 꿈꿨다. 천하를 다 다녀봐야 천하를 꿈꿀 수 있는 건 아
니다. 김용이 머스카틴에서 보낸 어린 시절을 이렇게 묘사했
음을 떠올려보라.

"우린 아주 작은 마을에 살고 있었지만 우리가 생각하는
세계는 무한히 컸죠."

결국 마음이다. 공자는 세상을 향한 이상으로 가늠할 수
없는 천하를 품었다. 천하를 품은 그가 세상을 향해 걸어 나
갔다. 그리고 태산에 올랐다. "태산에 오르니 천하가 작구
나!" 하는 말은 이때 터져 나온 마음속 진솔한 울림이요, 감
각의 표상이었다.

시야가 담는 만큼 세상은 달리 보인다. 내 고향 울타리 안에서는 내 고향만 보인다. 내 가족 울타리 안에서는 내 가족의 풍습만 있을 뿐이다. 세계를 꿈꾼다면 광활한 세계로 직접 나서야 한다.

김용의 어머니 전옥숙 씨는 자녀들에게 "영생을 누리고 있는 것처럼" 살라고 가르쳤다. 시골에서 꿈꾼 세계는 이제 열 살 된 소년이 마음의 눈을 떴을 때 상상 가능한 것들이다.

시골 마을에 살면서도 마음은 세계를 향하는 마음가짐, 질풍노도의 시기에도 영생을 상상할 수 있는 이런 툭 터진 마음을 맹자는 "호연지기"라고 했다.

하늘과 땅 사이에 탁 트인 마음이 호연지기다. 호연지기는 공명정대해서 조금도 부끄러울 것 없는 도덕적 용기로 승화된다. 사람이 이쯤되면 사물에 구애되는 바 없이 자유롭고 즐거운 마음으로 낯선 세상과 만날 수 있다. 김용은 어머니의 가르침 아래 자연스럽게 호연지기가 깃든 삶의 태도를 익혔고, 삶의 태도가 공부의 동기가 되었다. 전옥숙 씨는 이황을 공부한 철학도다운 교육법을 펼친 셈이다. 교육자, 대학 총장 김용이 강조하는 "마음 습관" 또한 어머니가 자연스럽게 몸에 배게 한 삶의 태도와 같은 맥락 안에 있다.

2장
추론적 유연성과
글쓰기

김용이 취임 후 급속히 확장시키고 중점화시킨 것 가운데 하나가 바로 글쓰기 프로그램이다. 그는 이 문제에 대해 자세히 설명했다.

"오늘날 학생들의 글쓰기는 다양하죠. 문자메시지, 트위터, 페이스북, 마이스페이스, 블로그, 여러 형태의 에세이, 논문, 본격적인 단행본에 이르기까지 다양한 글쓰기를 하고 있습니다. 이러한 상황에서 우리가 하고자 하는 것은 통합적으로 글쓰기 능력을 향상시킬 수 있는 프로그램 만드는 것입니다. 소위 '추론적 유연성discursive flexibility'을 길러주고자 하는 것인데요. 이것은 다양한 모든 종류의 소통을 효과적으로 할 수 있도록 해줍니다. 지금은 글쓰기를 1학년에게만 가르치지만 앞으로 2, 3, 4학년까지 확대해서 글쓰기 프로그램을 만들 겁니다. 아직도 글을 잘 쓰는 사람은 아주 드물어요."

김용 총장이 이렇게 말하자 나는 궁금해서 재차 물었다.
"다트머스 학생들도 글쓰기 능력이 부족한가요?"
그는 정색을 하며 말을 이었다.

글쓰기만큼은 꼭 권하고 싶어요!

"물론이죠. 글쓰기는 가장 어려운 일입니다. 백지연 씨는 책을 쓰셨으니까 글을 쓰는 게 얼마나 어려운지 잘 아시잖아요. 어떤 훌륭한 작가는 이런 말을 했다고 합니다. '글쓰기는 쉽다. 혈관을 열어서 한 방울씩 떨어뜨리면 된다'고요. 글쓰기가 가장 어려운 일이라는 걸 표현한 것이죠. 하지만 다행인 것은 글쓰기도 향상시킬 수 있어요. 한국의 교육과학부에 하나만 건의한다면 글쓰기 교육에 정말 집중하시라는 거예요."

그렇다. 글쓰기는 쉽지 않다. 더욱이 책을 쓰는 작업은 쉽지 않다. 그러나 글을 쓰는 작업은 김용이 학생들에게 훈련시키고 싶어 하는 '추론적 유연성'을 훈련시키는 데 가장 적합한 방법이다. 이것은 개인적인 경험을 생각해볼 때 지극히 맞는 말이다. 나는 김 총장의 말을 들으며 연신 고개를 끄덕였다. 절대 동감임을 표현하듯. 그런데 여기에 이르자 명문 다트머스대학의 글쓰기 프로그램은 어떤 것인지 뚜껑을 열고 들여다보고 싶어졌다. 나의 이 심각한 궁금증에 대해 김용은 매우 원론적인 답을 해주었다.

김용은 한 분야만 잘 아는 전문지식의 바보가 아닌 음악, 문학, 문화 등 융합과 통섭의 능력을 겸비한 사람이 필요한 시대라고 했다. 그러한 인재만이 문제를 바라보면서 다양한 관점을 적용해볼 수 있는 지적 능력을 가지게 되고, 사물을 받아들이고 행동하는 데 추론적 유연성을 지니게 된다는 것이다. 진정한 창의력은 이런 탄탄한 실력 위에서 터져 나온다.

"글을 잘 쓰려면요? 책을 많이 읽어야 합니다. 많이 읽고 많이 생각해야 합니다. 한국이 실용에만 집중하고 인문학을 소홀히 한다면 그건 잘못된 겁니다. 글과 말로 소통할 수 있다는 것은 아주 막강한 힘을 가집니다. 한류를 보시면 알겠지만, 한국의 문화는 아시아를 장악했고 세계를 장악하게 될 겁니다. 이런 사태를 지켜보면서 저는 개인적으로 한국의 소설이 세계를 장악하게 될 날을 희망합니다. 덧붙이면 글을 잘 쓰는 것은 읽는 법을 배우

2장 추론적 유연성과 글쓰기

는 데서 출발합니다. 복잡한 텍스트를 정확히 해석할 수 있는 법을 배우는 것이죠. 그게 인문학이거든요. 바로."

융합과 통섭의 능력을
겸비하라
김용은 글쓰는 능력과 텍스트를 제대로 이해하는 능력을 강조하는 부분에 이르자 말하는 표정에도 힘이 느껴지기 시작했다. 50여 년의 치열한 훈련과 현장 경험을 통해 '추론적 유연성'이 얼마나 중요한지 확인하고 검증했기 때문일 것이다.

"문제는 물리학에서 배운 것을 화학이나 생물학 등에서 적용할 수 있는 고급 기술입니다. 물리학을 배우면서 이 지식을 다른 과목이나 삶의 다른 분야에 적용할 것인지를 생각하게 되는데, 이는 아주 고차원적인 기술입니다."

시대에 따라 다트머스대에서도 기본기인 글쓰기에 대한 생각이 달라졌다. 1966년 이전의 글쓰기란 규칙과 문법이었다. 즉 문법, 글쓰기의 규칙을 이해해야 한다는 것이었다. 하지만 1966년을 기점으로 획기적인 변화가 찾아왔다. "글쓰기란 자신을 발견하는 과정"이란 정의가 내려진 것이다. "자신의 진정한 목소리를 찾는 것을 도와주는 과정"이라 생각하게 된 것이다. 글쓰기 교육에 집중하고 있는 김용은 한국도 기본기 훈련, 글쓰기 훈련을 통해 지적으로 문화적으로 다시 한번 도약하길 바란다고 거듭 강조했다. 보다 부가가치가 높은 지식산업으로 도약하길 바라는 것이다.

글을 잘 쓰려면요? 책을 많이 읽어야 합니다. 많이 읽고 많이 생각해야 합니다. 한국이 실용에만 집중하고 인문학을 소홀히 한다면 그건 잘못된 겁니다. 글과 말로 소통할 수 있다는 것은 아주 막강한 힘을 가집니다. 글을 잘 쓰는 것은 읽는 법을 배우는 데서 출발합니다. 복잡한 텍스트를 정확히 해석할 수 있는 법을 배우는 것이죠. 그게 바로 인문학이거든요.

"한국이 경제적으로 아주 잘하고 있다는 것은 신나는 일이고, 저에게 힘을 줍니다. 정말 자랑스러워요. 하지만 앞으로는 빨리 모방해서 빨리 일을 처리하는 게 중요한 것이 아니라 지적, 문화적 분야에서 한국이 도약을 하게 될 거라 봅니다. 제 생각에 한국은 큰 도약을 하기 직전에 와 있습니다. 물론 기술 분야에서도 계속 잘해야 하지만, 문화 분야가 가장 큰 변화를 가져올 수 있습니다."

다시 김용은 지적한다. 과학의 커다란 돌파구를 마련하는 진짜 위대한 과학자, 혹은 정말 창의적인 과학계의 지성들은 좁은 과학의 영역에만 관심사를 한정시키는 사람들이 아니라고. 정말 위대한 과학자, 지성들은 한결같이 뛰어난 바이올리니스트이거나 위대한 작가였다. 한 분야만 잘 아는 전문지식의 바보가 아닌 음악, 문학, 문화 등 융합과 통섭의 능력을 겸비한 사람이라는 것이다. 그러한 인재만이 문제를 바라보면서 다양한 관점을 적용해볼 수 있는 지적 능력을 가지게 되고, 사물을 받아들이고 행동하는 데 추론적 유연성을 지니게 된다는 것이다. 진정한 창의력은 이런 탄탄한 실력 위에서 터져 나온다.

3장

젊은 세대의
냉소주의에 대하여

간혹 대학 재단이나 총장 개인의 문제가 한 대학에 문제를 일으키기도 하지만, 자신이 교육자라고 생각하는 총장이라면 누구든 현실의 벽, 당대의 학생들을 위한 걱정을 지고 살았을 것이다.

1933년 5월 프라이부르크대학 총장에 선출된 철학자 슈바르츠발트 메스키르히 하이데거(1889~1976) 또한 어려운 시대의 총장이었다.

그는 1934년 2월 총장직을 사퇴했지만 총장 재임 기간 중의 활동을 사람들은 나치 부역의 구체적인 행동으로 여긴다.

당시의 역사를 연구한 박찬국 박사에 따르면, 하이데거는 "대학 개혁"을 원했다. 이 개혁은 빌헬름 폰 훔볼트가 독일 대학에 퍼뜨린 "대학 내 학문의 자율성"을 빼앗는 데서 시작하려 했다. 즉 당시 대학의 방만한 운영과 학문 체계는 "부르주아적 개인주의에 사로잡힌 기능인"을 양성할 수밖에 없는데 이를 바로잡아야 한다고 생각했던 것이다.

하이데거는 "대학의 구성원들이 자신들의 임의적이고 자의적인 호기심에 따라서 학문을 하는 것이 아니라, 독일 민족의 역사적 사명에 대한 명백한 자각에 입각하여 학문"을 해야 한다고 생각했다. 박찬국 박사는 하이데거가 나치스와 손을 잡은 이유도 이를 관철하기 위해서였다고 해석한다. 물론 그렇게 해석한다고 해서 면죄부가 주어지지는 않겠지만 말이다.

하이데거는 대학 개혁을 위해 나치의 "지도자 원리"를 흡수했다. 곧 "총장을 교육부 장관이 임명하고 학장은 총장이 임명하며 대학 내에서 총장이 전권"을 갖는 식이다.

오늘날 거의 모든 총장들이 '개혁'을 외치며 '구조조정'을 하고 있는데, 이때 '비용' 및 '효율'에 대한 강조가 자칫 21세기판 '지도자 원리'로 변할 위험은 없을지 고민해야 하는 것도 오늘날 대학 총장의 임무일 것이다.

그런가 하면 카를 빌헬름 폰 훔볼트(1767~1835)는 시대의 소명까지 떠안고 이미 서 있는 명문대 총장의 몇 곱절 더한 고민으로 머리가 아플 지경이었다.

훔볼트는 1810년 나폴레옹 천하가 된 세상에서 프로이센 개혁과도 맞물려 베를린대학 설립에 힘썼다. 농노제, 길드 폐지, 장교 충원 개혁까지 맞물린 대학 설립 업무였다. 프랑스에게 당한 치욕에 화들짝 놀란 독일이 정신이 번쩍 들어 사회 개혁까지 염두에 둔 대학을 설립하려 한 것이다.

냉소주의가 겁쟁이의 마지막 피난처란 말은 정말 깊은 통찰에서 나온 말입니다. 제 자신이 가난과 부정적인 측면들에 직면하면서도 열심히 일해왔기 때문에, 문제들로부터 도망치지 않았기 때문에 그저 앉아서 상황을 변화시키는 게 불가능하다고 말하는 건 비겁한 행동이라고 말할 수 있는 겁니다.

훔볼트는 독립과 자율적 인간 육성의 이상을 실현하고, 종파 이해에서 벗어나 순수하게 학문을 연구한다는 기치를 내걸고 대학을 설립했다. 이후 이 대학의 명성에 대해서는 두말하면 입이 아플 지경이다. 훔볼트는 비전을 가지고 어려움을 돌파한 정말 유능한 교육가 겸 행정가였다. 학교와 동문은 20세기 들어 설립에 가장 큰 공을 세운 훔볼트를 기념해 교명을 아예 훔볼트대학으로 개명했다.

훔볼트가 꿈꾼 대학은 이랬다. 지배 권력과 저속한 대중의 영향을 받지 않는 자율적 개인을 학생으로 선발해, 대학 안에서 정신적 자유를 누리며 교양과 인격, 비판적 지성을 연마하도록 하겠다! 훔볼트가 내린 대학의 정의는 "교수와 학생의 자유롭고 평등한 학문 공동체"였다.

한편 오늘날 대학 총장들은 과거의 걱정과는 또 다른 종류의 걱정을 떠안고 있다. 김용의 두 모교, 브라운대와 하버드대의 총장도 마찬가지였다.

"물론 대학은 방대한 지식을 보유한다. 신입생 때 조금 가져오고, 졸업반 학생들이 나갈 때는 거의 퍼 가지 않기 때문에 다소 축적되는 셈이다."

_애보트 로런스 로웰(하버드대 총장)

"당신은 누가 최고의 성적으로 좋은 대학에 갈 것인지 말할 수 있다. 그러나 누가 최고의 인재인지에 대해서는 말하지 못한다. 바로 그 문제 때문에 나는 속이 탄다."

_버나비 C. 키니(브라운대 총장)

우리는 할 수 있어요!
바꿀 수 있어요!
김용이 강조한 것 중에 또 하나, 교육자 된 입장에서 학교장의 입장에서 한국의 독자들에게 힘주어 전달하고 싶은 것이 있다고 했다. 그것은 만연해 있는 '냉소주의'에 관한 그의 의견이다. 특히 젊은층에 만연되어 있는 냉소주의에 대해 그는 깊은 우려를 드러냈다.

"우리 모두가 알고 있듯, 요즘 냉소적인 태도가 급증했습니다. 특히 요즘 젊은이들이 다른 세대에 비해 더 냉소적이라고 많은 사람들이 지적합니다."

이 세상에서 가장 가난한 사람들과 일하면서 끔찍한 상황들을 접하게 되면, 긍정은 단순히 이성적인 생각으로 나오는 태도가 아닌 도덕적 선택이라는 것을 알 수 있습니다.

작게는 개인의 문제에서부터 세계의 문제까지, 예를 들어 '내가 한다고 뭐가 달라지겠어' 하는 식의 태도나 '나라 꼴이 이게 뭐야. 다 웃기고들 있군. 지들이 뭘 할 수 있다고 생각하나봐. 다 잘난 놈만, 이미 가진 놈들만 잘사는 세상 아니야?' 등의 태도, 또 환경문제에서는 '인간이 다 망쳐놓고, 무슨 수로 고칠 건데, 지구는 망하게 되어 있어' 등의 태도 말이다. 김용은 자신의 경험을 들어 하고자 하는 이야기를 꺼냈다.

"제가 냉소적인 태도에 대해 제 경험을 말씀드리죠. 폴 파머에 관한 책을 쓴 트레이시 키더라고 아시죠?"

여기서 잠깐 트레이시 키더에 대해 설명하자면, 그는 폴 파머를 중심으로 펼쳐진 PIH의 활동을 담은 책《산 넘어 산》

3장 젊은 세대의 냉소주의에 대하여

으로 퓰리처 상을 수상한 작가다. 《산 넘어 산》은 김용을 중요한 취재원이자 피사체로 다루었다. 이 책에는 김용이 페루와 러시아에서 펼친 의료봉사 활동의 디테일과 그의 어린 시절의 이야기 등 중요한 정보가 담겨 있다.

"트레이시는 훌륭한 작가 중 한 명이죠. 그는 세계 여러 곳을 돌아다니는 저와 폴의 활동을 쫓아다녔고, 우리는 늘 그에게 이렇게 이야기했어요. '우리는 할 수 있어요. 사람들이 의학에 대해 생각하는 방법을 바꿀 수 있어요. 사람들이 에이즈에 대해 가진 생각도 바꿀 수 있어요.' 저희가 이렇게 말하면 트레이시는 반박하는 겁니다. 계속 냉소적인 태도로 말하는 거죠. '아니요. 불가능해요. 어떻게 그게 가능하다고 생각할 수 있죠?'"

"좀더 깊게 가볼까요?"라고 물으며 김용은 다른 일화를 소개했다.

긍정은 이성이 아닌
도덕적 선택이었다!
"트레이시는 이렇게 말했어요. '당신은 죽어가는 아이들, 병 들어가는 아이들, 끔찍한 장면들을 목격하면서도 그런 일을 다루는 회의에 나와서는 정말 낙관 그 자체였어요. 어떻게 그럴 수 있죠?'라고요. 이런 말이었어요. 모든 상황은 부정적인 것투성이인데 우리가 너무 낙관적이라는 거죠. 사람들은 가난하고 배고픔으로 굶어 죽고 있는데 우리는 우리가 할 수 있는 일에 대해 너무 긍정적이라는 거죠. 이때 제가 그에게 해준 말 가운데 하나가 바로 이것이었어요. 이 세상에서 가장 가난한 사람들과 일하면서 끔찍한 상황들을 접하게 되면 긍정은 단순히 이성적인 생각으로 나오는 태도가 아닌, 도덕적 선택이라고요"

'도덕적 선택!' 김용이 이 말을 했을 때 내 가슴 밑바닥에서 쿵! 하는 소리가 들려왔다. 도덕적 선택. 정말 많은 뜻이 함축된 말이 아닌가. 어린 아이들이 굶주림으로 혹은 가난과 병이 겹쳐서 속절없이 죽어가는 상황을 바라보면서 이 세상의 질병과 가난은 우리 한두 사람이 도와서 해결될 문제가 아니라고 말하는 것이 일반적인, 혹은 냉소적인 태도라면 '그래 상황은 정말 끔찍하군. 그러나 단 몇 사람이라도 구하기 시작해야지. 하다 보면 방법이 나올 거야'라고 생각하는 긍정적인 태도가 지구를 구할 수 있다고 믿는 것이다. 우리는 김용이 로빈 후드라는 별명을 갖게 된 일화를 기억하지 않는가. 그가 말하는 도덕적 선택은 그런 뜻이리라. 그리고 다른 사

3장 젊은 세대의 냉소주의에 대하여

람이 아닌, 평생을 자신이 말한 대로 일해온 김용이 하는 말이기에 '도덕적 선택'이란 말이 듣는 내 가슴에 큰 울림을 준 것이리라. 머릿속으로 한국에 돌아가면 지금 그가 말한 '도덕적 선택'이란 주제에 대해 글을 쓰리라 생각하고 있는 내게 김용은 화룡점정을 찍었다.

"처음 우리의 활동을 따라다닐 때 회의적이었던 트레이시가 한 일 년 정도 뒤에 나를 보며 이렇게 말했어요. '냉소는 결국 겁쟁이가 마지막으로 숨는 곳이군요.'"

냉소는 겁쟁이들의 마지막 피난처다

'냉소는 겁쟁이들의 마지막 피난처라…' 나는 되뇌이고 있었다. '정말 강한 말이군요.' 김용은 내 표정을 읽으며 더 깊이 들어가 이야기를 풀어내기 시작했다.

"냉소주의가 겁쟁이의 마지막 피난처란 말은 정말 깊은 통찰을 주는 말입니다. 이렇게 생각해볼까요? 이탈리아의 위대한 철학가 안토니오 그람시는 '우리 모두는 이성의 비관주의(Pessimism of Intellect)와 의지의 낙관주의(Optimism of spirit)를 위해 노력해야 한다'고 말했습니다."

이 대목에서 나는 기쁨의 깊은 숨을 들이마셨다. 현자의 통찰을 듣는 것, 그리고 이런 값진 통찰의 열매를 독자나 시청자에게 전달할 기대감이 마음을 기쁨으로 채우는 것이다. 그람시! 이성의 비관주의와 의지의 낙관주의, 얼마나 황홀한 표현인가. 얼마나 적확한 통찰인가. 나의 표정을 읽었는지 김용은 이렇게 말을 이어갔다.

비판적이고 분석적인 사고를 기르는 건 중요하죠. 하지만 동시에 모든 가능성을 냉소주의의 명목으로 포기해버린다면 그건 용기 있는 행동이 아니라 비겁함이란 것을 알아야 합니다.

"그렇죠? 정말 그 두 가지 말은 절묘하게 어우러지는 말이죠? 문제를 보지 말라는 게 아닙니다. 우리는 문제를 볼 수 있어야 합니다. 엄청난 불행과 가난을 직시해야 하죠. 하지만 동시에 우리는 불행한 상황을 변화시키기 위해 열심히 노력해왔습니다. 가난과 그 부정적인 측면들에 직면하면서도 열심히 일해왔기 때문에, 문제들로부터 도망치지 않았기 때문에 그저 앉아서 상황을 변화시키는 게 불가능하다고 말하는 건 비겁한 행동이라고 말할 수 있는 겁니다. … 하지만 한 번 해보겠다고 하면 성공할 수 있고, 물론 더 많은 실패를 맛볼 수도 있겠죠. 그 상황에서 이성의 비관주의는 '여기에 많은 문제점들이 있군'이라고 할 수 있겠지만, 동시에 의지의 낙관주의는 우리 모두는 서로 연결되어 있고 우리는 적어도 시도할 의무가 있다는 것을 알려주겠지요. 더 많이 시도할수록 더 많이 성공하고 아주 어려워 보이는 상황에서도 낙관주의를 가져올 수 있는 것입니다."

그의 말에는 강한 설득력이 있었다. 강력한 흡인력도 있었다. 그의 말투나 태도는 온화했고 그가 쓰는 단어들도 쓸데없는 형용사나 부사의 과장이 일체 배제되었지만, 그가 전하는 메시지가 강력한 이유는 무엇인가. 그가 하는 말은 그가 읽은 활자에서 나오는 것이 아니라 그가 배우고 사유한 대로, 그가 행동한 데서 얻어진 열매이기 때문이다. 또한 그의 사유력과 행동력의 결합에서 우러나온 통찰에서 얻어진 것이었다. 말로만 거룩한 사람들(그들은 자신의 지적인 작업에 도취해 있을지 모르지만)의 참을 수 없는 가벼움이 한순간에 부서지는 통쾌함을 맛보았다. 그는 강력한 설득력으로 이렇게 당부했다.

누구를 위한 냉소인가?

"물론, 젊은이들이 비관적이고 비판적이 되는 것 자체는 중요합니다. 비판적이고 분석적인 사고력을 기르는 건 중요하죠. 하지만 동시에 모든 가능성을 냉소주의의 명목으로 포기해버린다면 그건 용기 있는 행동이 아니라 비겁함이란 것을 알아야 합니다. 비겁해지지 않고 낙관적이 되는 것은 도덕적 선택입니다. 겸손함과 진정성을 가지고 말입니다. 이런 것들이 세상을 변화시킵니다. 포용하고 이해하고 문제에 깊이 공감하고 낙관적인 정신으로 전진하는 것. 이것이 바로 도덕적 선택입니다."

왠지 속이 후련해졌다. 그리고 동시에 어떤 무거움이 느껴졌다.

참고로, 안토니오 그람시는 이탈리아공산당 창립을 주도한 행동파 철학자다. 파시즘과 맞서 싸우다 1926년 체포된 뒤, 11년간 옥살이를 하면서 얻은 각종 질병을 제대로 치료하지 못해 1937년 옥중에서 병사했다. 그람시는 파시즘 앞에서 모든 도덕적 열망이 붕괴되는 시대를 살다가 갔다. 11년간 옥살이를 하며 늘 병고에 시달렸고, 그러면서도 "낙관"을 이야기했다. 그렇다면 냉소 다음에는 무엇이 올까? 혹 무관심이 아닐까? 또는 무관심과 냉소는 서로 손잡고 고리를 이루고 있는 것은 아닐까?

그람시가 남긴 몇 마디 말로 친애하는 독자들이 해석해주길 바란다.

3장 젊은 세대의 냉소주의에 대하여

"나는 무관심을 미워한다.

산다는 것은 어느 한쪽을 편든다는 것이다.

무관심은 역사를 짓누르는 무거운 짐이다.

무관심은 새로운 사상의 소유자들에게는 무거운 납덩어리이고,

가장 아름다운 열정조차 물 속 깊이 가라앉힐 수 있는 모래주머니이고,

어떤 전사나 어떤 강렬한 방벽보다 구질서를 훨씬 더 잘 방어할 수 있는 늪이다."

4장

'전인적'이란
무엇인가?

김용이 '마음 습관'을 강조할 때, 지성과 이성만을 혹은 무거운 책임감과 의무만을 이야기하는 것은 결코 아니다. 그 스스로 '다트머스 아이돌'에서 보여준 춤추고 노래하는 모습처럼 그는 유머러스하고 유연한 사람이다. 굳이 표현하자면 흔들리지 않는 굳은 심지를 갖고 있지만 심지를 감싸고 있는 것은 무엇이든 받아들이고 새로운 에너지로 만들어낼 수 있는 유연성을 갖고 있다. 이를 반영하듯, 김용은 창의성을 발현하도록 교육하기 위해 운동과 예체능 교육을 강조하는 데 시간을 아끼지 않았다.

김용은 아주 어렸을 때 어머니 손에 이끌려 골프장을 산책로처럼 걸었으며, 고등학교 시절엔 풋볼 팀의 쿼터백이었을 뿐만 아니라 농구팀의 주전 가드였으며, 대학에서는 배구팀을 기웃거리기도 했다.

"사람들은 제가 왜 그렇게 많은 시간을 운동을 하면서 보내는지 궁금해합니다. 그건 운동이 학습에 도움이 되기 때문입니다. 이건 한국의 부모님들에게 아주 중요한 메시지입니다. 건강한 생활습관 말입니다. 더 많이 더 열심히 운동할수록 더 나은 삶을 살 수 있게 됩니다."

다트머스대학 연구진에 따르면, 4, 50대에 운동을 시작해서 마라톤 같은 격렬한 운동이 아니더라도 규칙적으로 일주일에 4~5일 정도만 20~30분씩 꾸준히 20년간 운동하면 젊은 사람의 심장과 같아진다고 한다. 꼭 이런 결과만이 아니라도 체육 활동의 효용은 두말할 나위가 없다. 전통적인 이야기지만 몸과 마음의 조화와 함께 김용의 강조는 통섭의 지혜로 이어진다.

김용이 강조하는 통섭의 지혜

"많은 사람들이 특정 주제에만 관심을 집중합니다. 하지만 저는 인문과학 교육의 중요성을 강하게 믿습니다. 너무 일찍 분야를 좁혀서 특정 주제에만 집중하게 되면 정신이 제대로 발달하지 못합니다. 음악, 예술 등을 배워야 합니다."

다트머스대학교는 예술복합대학arts complex을 가지고 있다. 스탠퍼드대학, 아이오와대학 등 훌륭한 대학들은 대학 안에 예술대학을 갖고 있다. 이곳 출신들이 전형적인 클래시컬 오케스트라에서 힙합까지, 거의 모든 장르의 예술을 소화하고 있음은 널리 알려져 있다.

예술교육은 예술 외의 다른 방법으로는 일어나지 않는 방식으로 신경 연결망을 발달시킵니다. 그래서 예술교육을 많이 받은 사람은 그렇지 않은 사람에 비해 어떤 문제를 볼 때 두뇌의 여러 부분이 함께 움직입니다.

"젊은이들에게 예술교육이 얼마나 중요한지, 놀라울 뿐이었어요. 큰 데이터베이스에서 예술교육을 받은 젊은이와 받지 않은 젊은이를 비교해보았더니, 예술교육이 학업 성취에 아주 중요하다는 걸 발견했습니다. 뿐만 아니라 가난한 사람일수록, 다시 말해 사회경제적 지위가 낮은 사람일수록 그 효과는 컸습니다. 그러니까 가난한 집안 출신인 경우 예술교육은 학업 성취능력에 있어 부유한 집 출신보다 강력한 효과를 발휘합니다. 연구에 따르면, 네 살 때 피아노 교육을 받으면 여섯 살 때의 갈등 해결능력이 향상된다고 합니다. 또 연기수업은 물리적 학습에 도움이 됩니다. 어떤 것을 관찰하고 따라할 수 있는 능력을 길러주니까요."

연기에서 대사 외우기는 특정 기억력에 바로 영향을 미친다. 대사 외우기는 무조건 외우기와는 다르다. 상황과 의미의 맥락 안에 나를 집어넣는 행위이기 때문이다. 또한 연기는 표정과 몸짓에 대해 고민을 수반한다. 내 표정과 몸짓에 신경을 쓰면서 사는 경우는 드물지 않은가. 내 몸에 대한 아주 특별한 체험이 따라오는 것이다. 연출에 어떻게 반응해야 할지, 무대미술과 의상 안에서 나를 어떻게 표현해야 할지 등도 특별한 체험이다.

많은 사람들이 특정 주제에만 관심을 집중합니다. 하지만 저는 인문과학 교육의 중요성을 강하게 믿습니다. 너무 일찍 분야를 좁혀서 특정 주제에만 집중하게 되면 정신이 제대로 발달하지 못합니다. 음악, 예술 등을 함께 공부해야 합니다.

예술교육은 예술 외의 다른 방법으로는 일어나지 않는 방식으로 신경 연결망을 발달시킨다. "예술교육을 많이 받은 사람은 그렇지 않은 사람에 비해 어떤 문제를 볼 때 두뇌의 여러 부분이 함께 움직입니다."

김용은 스스로 그 효용을 믿기 때문에 예체능교육을 강

조하는 것이다. 아울러 전통적인 방식으로 예체능을 인문학에 포괄해 강조하고, 인문학 또한 강조한다.

"공학과 문학을 함께 공부하는 사람의 경우, 두뇌의 여러 부분을 발달시키기 때문에 문제를 볼 때 훨씬 창의적이고 혁신적으로 보게 됩니다. 다트머스가 다양한 활동을 강조하는 건 바로 이 때문입니다. 다트머스는 예술, 체육 활동에 참여하기를 권장하고, 공학도에게는 비교문학을 같이 공부한다든지 하는 것을 권합니다."

이를 사치라고 생각하는 사람이 있지 않을까? 김용의 생각은 다르다. 누구든지 책을 읽을 수 있는 시대다. 피아노든 다른 악기에 접근하는 길도 이전 시대보다 다양해졌다. 교육은 이런 활동을 지원하고 격려해야 한다.

"한 가지를 공부하는 것보다 이런 활동을 함께할 때 두뇌 활동이 개발된다는 아주 중요한 역할을 배워가고 있어요. 총장 일을 하면서 이런 게 가장 즐거워요. 젊은이들이 자신들의 발달에서 그렇게 중요한 시점에 와 있다는 걸 전에는 몰랐죠. 그래서 더욱 심각하게 생각하게 되었어요. 부모님들이 18세까지 학생들을 훌륭하게 키워주셨으니, 우리 교수진들은 그들의 삶에서 가장 중요한 4년을 어떻게 해야 할지 심각하게 고민해봐야 합니다."

한 사람의 인생에서 가장 중요한 4년. 김용은 학교가 학생들의 '마음 습관'을 어떻게 가르쳐야 할지, 졸업 때까지 무엇을 가르쳐주고 어떻게 대비시켜야 할지 끊임없이 고민하는 것이다. 그러나 교육자에게도 세상의 모순은 때로 해결하기 어려운 질문지를 내밀곤 한다.

그렇다면 김용은 다트머스대학에서의 생활을 통해 무엇을 보았을까?

어떤 것을 하기 위해
vs.
누군가가 되기 위해

"젊은 학생들을 만날 때마다 저는 희망을 가집니다. 이들은 정말 밝고 많은 잠재력을 갖고 있습니다. 우리가 그들에게 세상을 보는 다른 방식을 알려주고 세상과 진정 연결되어 있다는 마음과 가치관을 갖게 해줄 수 있다면, 저는 그들을 통해 제가 할 수 있는 것보다 훨씬 더 많은 일을 성취할 수 있을 겁니다. 하지만 전 여전히 많은 것들에 관여하고 있고, 이 일을 맡게 된 것이 어떤 것을 하기 위해서이지 누군가가 되기 위해서는 아니었기 때문에 저 스스로 끊임없이 이런 질문을 합니다. '우리는 세상을 위해 중요한 일들을 성취하고 있는가.' 그렇지 않다고 생각하는 순간 저는 다른 것을 시도해봅니다. 세상의 훌륭한 기관과 대학들은 세상을 보다 살기 좋은 곳으로 만드는 데 큰 역할을 할 수 있다고 생각합니다. 우리는 엄청난 역할을 할 수 있어요. 가장 중요한 것은 고등교육의 리더들이 그것을 진심으로 생각해보는 것입니다."

학생 한 사람 한 사람이 소중하기에 김용은 되도록 많은 학생을 만나려고 노력했다. 이는 다만 선언에 그치지 않았다. 김용은 충분하지는 않지만 소통을 위한 실제적 방법을 만들기 위해서 애썼다.

"매주 저는 학생들과 오찬을 합니다. 우리 직원이 모든 학생에게 이메일을 보내서 최초로 답을 하는 14명과 같이 점심을 합니다."

고답적인 총장의 역할에 고정된 한국의 대학 총장들로서는 상상하기 어려운 방법이다. 이런 마음가짐이 바로 김용이 늘 강조하는 "혁신"의 예일 것이다.

점심뿐이 아니다. 김용은 실습실로 가서 그들이 실습하는 장면을 직접 참관한다. 강의실 즉석 토론을 사양할 이유가 없다. 교정 잔디밭에서도 마찬가지다. 매년 학생 소프트볼 게임, 풋볼 게임을 통해서도 학생들을 만난다. '비서실 없이 학생 만나기' 이것이 김용의 방법이다.

"문제가 생기면 학생들이 저에게 그 문제에 대해 이야기하고 싶어 합니다. 제가 해결해주기를 바라고, 또 제 탓으로 돌리기도 합니다. 식당에

이 일을 맡게 된 것이 어떤 것을 하기 위해서이지 누군가가 되기 위해서는 아니었기 때문에 저 스스로 끊임없이 이런 질문을 합니다. '우리는 세상을 위해 중요한 일들을 성취하고 있는가?' 그렇지 않다고 생각하는 순간 저는 다른 것을 시도해봅니다.

문제가 생겼을 때 저를 탓하기도 하는 거죠. 식당 문제가 저에게 오기까지 존재하는 수많은 단계들을 전혀 거치지 않아도 되는 겁니다. 저는 그들이 저를 가깝게 느껴서라고 생각하고, 저 역시 그들을 아주 가깝게 느낍니다."

5장

3M이 아니라
3E다!

김용은 2009년 취임식 당시 "대학은 국제적인 지도자를 양성하는 곳"이라며 "국제적으로 생각하고 행동해야 세계 변화에 나설 수 있다"고 말했다. 취임 직후인 2009년 뉴욕 맨해튼 첼시피어에서 열린 코리안 아메리칸 커뮤니티파운데이션 연례 만찬 연설에서도 윤리 경영의 중요성에 관한 이야기가 빠지지 않았다. 수많은 인터뷰에서도 이 태도는 한결같다.

김용은 행정가로서 당장의 재정 문제와 대학의 비용 절감 그리고 대학의 조직 개편을 당면 과제로 절실히 인식하고 있었다. 그러나 동시에 미래에 대한 비전을 보다 큰 눈으로,

보다 전 지구적인 차원으로 혹은 세계사적 차원에서 고민하고 있었다.

공자는 〈논어〉 "위령공衛靈公" 편에서 "사람이 멀리 내다보는 깊은 사려가 없으면 반드시 가까운 데서 근심이 생긴다人無遠慮, 必有近憂"고 했는데, 아랫돌을 빼서 윗돌을 괴는 식의 급급한 일처리로 이룰 수 있는 일은 없는 것이다.

꿈을 갖는 것만으로는 충분치 않다. 무엇이 더 필요할까? 김용에 따르면 한 손에는 세계를 보다 나은 곳으로 만들겠다는 열정, 다른 한 손에는 글로벌 스케일의 해법을 달성하는 데 필요한 복잡한 시스템에 관한 실용적인 이해가 요구된다. 이 두 가지를 함께 이루기 위해 그의 머릿속은 '혁신'이란 단어로 꽉 차 있다.

실패하는 사람들의 전형이 아랫돌 빼 윗돌 괴기다. 원래 목표했던 일을 하면서 성취하고 성취하면서 자신이 고양되는 것이 아니라, 급히 돈 몇 푼 빌리는 것만이 당장의 업무가 되고 급히 돈을 빌려왔다는 데서 안도하고 그것을 자신의 능력으로 착각한다. 그러다 한순간에 돌려막기의 고리가 끊어지면? "가까운 근심[近憂]"이란 급급히 돌아오는 일만 미봉하는 사이에 턱밑까지 차오른 위기의 징후를 말하는 것이다.

돈 걱정은 총장으로서 당연히 해야 하는 것이다. 이때 비전이 없어서는 안 된다. 비전이 없어서는 재정 운영의 목적과 방향도 없다. 비전, 그것이 공자가 말한 "원려[遠慮]"다.

이는 다시 〈논어〉 "자로子路" 편의 경구와 이어 음미할 만하다.

"급히 서두르지 말고, 눈앞의 작은 이익만 보지 말라. 급히 서둘다간 일의 진행을 그르치고, 눈앞의 작은 이익만 보다가는 큰일을 이룰 수 없다."

세계적인 경제문제는 윤리의 문제다

김용의 비전은 명확하다. 김용은 다트머스대 취임 연설에서 "세계의 문제를 여러분의 문제로 만들어야 한다"고 말했다. 젊은 세대가 국제사회가 직면한 도전에 대응하고 세계를 변화시키는 것에 앞장서야 한다는 뜻이다.

또한 "우리가 살고 있는 역사적인 시기는 여러분 세대에게 세계에서 가장 절실한 도전 과제를 다루는 데 있어서 배움을 실천과, 열정을 실용과 결합시킬 것을 요구하고 있다"며 "여러분 세대는 이전의 어느 세대보다 더 야망적인 꿈을 가져야 한다"고 말했다.

그러면서도 단서를 잊지 않는다. "그러나 꿈을 갖는 것만으로는 충분치 않다"는 것이다. 무엇이 더 필요할까? 김용에 따르면 한 손에는 세계를 보다 나은 곳으로 만들겠다는 열정, 다른 한 손에는 글로벌 스케일의 해법을 달성하는 데 필요한 복잡한 시스템에 관한 실용적인 이해가 요구된다고 역설했다.

이 두 가지를 함께 이루기 위해 그의 머릿속은 '혁신'이란 단어로 꽉 차 있는 것이다.

급히 서두르지 말고, 눈앞의 작은 이익만 보지 말라. 급히 서둘다간 일의 진행을 그르치고, 눈앞의 작은 이익만 보다가는 큰일을 이룰 수 없다.

"매해 어떤 일이 새로이 나타나는지를 알아야 하고, 또 앞서 나가기 위해서 그 누구보다 혁신적이어야 합니다."

혁신은 비전을 점검하고 비전에 활력을 넣는 필수요소다. PIH의 활동은 여느 의료봉사 조직, 의료봉사의 관성을 혁신했다. 김용은 페루든 러시아든 미국 빈민 지역이든 참여자와 담당 공무원에게 혁신을 요구했다. 혁신을 통해 실제로 저개발국가에 공급하는 약값을 정품 약값의 95퍼센트 수준으로 낮췄다. 그리고 이제 그는 거대한 예산권을 쥐고 있는 세계은행의 수장으로서 또 다른 혁신을 예고하고 있다.

숨가쁜 전환기에 엘리트를 길러내는 최고 교육자로서, 세계은행 총재로서, 그의 혁신은 다름 아닌 "윤리"라는 바탕 위에 서겠다는 다짐이 돋보인다.

김용이 보기에 지금 세계적인 경제문제는 윤리의 문제이기도 하다. 그래서 다트머스의 비즈니스 스쿨은 윤리에 대해 많이 가르쳐왔고, 앞으로도 윤리를 모든 학생들의 교육에 반영하겠다고 약속한다.

이는 결코 교육자로서의 교과서적인 말에만 그치지 않는다. 김용은 미국 중산층마저 등을 돌리고, 미국 대학생들로부터 점령 대상이 되었고, 세계의 뜻있는 시민들로부터 강력한 비난을 받고 있는 월가 문제의 해법으로 윤리교육을 든다. 즉 월가의 돈 잔치에 끼어들어 막대한 부를 누리면서도 정작 세상의 추이에 일부러 눈을 감은 탐욕에 대한 처방으로 윤리교육을 제시한 것이다.

김용의 비전은 명확하다. 김용은 다트머스대 취임 연설에서 "세계의 문제를 여러분의 문제로 만들어야 한다"고 말했다.

"돈/시장/자신"에서 "탁월함/사회적 약속/윤리"로

김용은 다트머스 경영대 재학생만이 아니라 모든 학생에게 윤리를 가르쳐야 한다고 강조한다. 이를 슬로건화해서, 특히 과거의 '3M' 패러다임을 오늘의 '3E' 패러다임으로 시프트해야 한다고 강조했다.

앞서 언급했듯이, 3M은 돈, 시장, 자신 등 세 가지 항목을 뜻한다. 반면 3E는 탁월함, 사회적 약속, 윤리 등 세 가지를 의미한다.

요컨대 시장에서 오직 나의 이익과 돈만을 좇는 패러다임을 벗어나, 사회적 연대의식과 윤리와 윤리 감수성을 갖추고 자신의 탁월한 능력을 발휘해야 한다는 것이다. 그럴 때

에만 대학의 위기를 극복할
수 있고 월가의 탐욕으로 상징
되는 세계경제의 병폐를 해결
김용의 비전은 세계에 가 있으며, 그의 다리
는 윤리라는 기반 위에 서 있고 그의 팔은
강한 실행력으로 무장되어 있다. 김용의 방
법론은 안주나 타협이 아닌 혁신이다.

할 수 있을 뿐 아니라, 인류의 역사와 함께한 불균형의 문제
를 해결할 단초를 찾을 수 있다는 말이다.

　여기서 〈논어〉 "안연顔淵" 편의 한 장면이 떠오른다.

　자공이 정치에 대해 묻자 공자가 답했다. "식량을 풍족하
게 하고, 군비를 충분하게 하고, 백성들로 하여금 나라를 믿
게 하는 것이다."

　자공이 다시 물었다. "부득이 한 가지를 버려야 한다면
셋 중 어느 것을 먼저 버려야 할까요?"

　공자가 답했다. "군비를 버린다."

　자공이 다시 물었다. "부득이 한 가지를 버려야 한다면
이 두 가지 가운데 어느 것을 먼저 버려야 할까요?"

　공자가 답했다. "식량을 버린다. 예로부터 누구에게나 죽
음은 있었지만 백성들이 믿지 않으면 국가가 존립할 수 없다."

　공자는 경제 안정, 국방, 국민의 신뢰를 정치의 요체로
슬로건화했다. 어쩔 수 없는 상황에서 하나를 희생해야 한다
면 국방, 경제의 순서로 버릴 수밖에 없다고 했다. 무슨 뜻인
가? 사람은 누구나 한 번 죽는다. 국방이나 경제는 사람이

남아 있는 한 무너졌다 해도 재건의 기회가 있다. 한 번은 죽는 사람이 죽기 살기의 각오로 덤비면, 국방도 경제도 살려 망한 나라를 되살릴 수 있다. 단, 사람들 사이에, 그리고 나라와 위정자에 그만한 '믿음'이, '신뢰'가 남아 있어야 할 것이다. 반면 국민 사이에서 혹은 국민이 정부에 대해 믿음이 남아 있지 않다면, 아니 사람 저마다가 자신의 안전보장, 생존의 시스템에 대한 믿음이 없다면 무슨 일을 할 수 있겠는가.

숨 가쁜 전환기에 엘리트를 길러내는 최고 교육자로서, 세계은행 총재로서, 그의 혁신은 다름 아닌 "윤리"라는 바탕 위에 서겠다는 다짐이 돋보인다. 김용이 보기에 지금 세계적인 경제문제는 윤리의 문제이기도 하다.

김용의 비전은 세계에 가 있다. 그의 다리는 윤리라는 기반 위에 서 있다. 그의 팔은 강한 실행력으로 무장되어 있다. 김용의 방법론은 안주나 타협이 아닌 혁신이다. 그는 이제 세계은행의 수장이 되었다. 그는 총재지명자 신분으로 각국의 의견을 듣는 '경청 투어' 길에 잠깐 한국에 들렀는데 이때 잠시 만날 기회가 있었다. 그는 상기된 표정으로 이런 말을 했다.

"IBRD에서 우리가 쓸 수 있는 돈이 얼마인지 아십니까? 600억 달러입니다. 이제 정말 제대로 일해봐야죠!"

나는 그를 세 차례나 인터뷰했다. 매번 짧지 않은 진지한 대화를 나눴다. 이례적인 일이다. 그런데 나는 세 번째 인터뷰가 마지막이 아닐 것이라는 느낌을 받으며 헤어졌다. 그가 이번에 제대로 '일을 내기' 바라는 강한 기대 때문이었다. 세계은행이 원래의 소명을 담당하는 시대가 오는 것일까? 해결의 끝이 보이지 않는 듯한 지구의 절대 빈곤과 질병을 해결할 실마리를 마련할 수 있을 것인가? 신임 총재 김용에게 세계의 시선이 쏠리고 있다.

6장

스펙 쌓기요?
김용이 말하길…

"총장님. 혹시 '스펙 쌓기'란 말 들어보셨어요?"

김용 총재를 다트머스대학 총장실에서 두 번째로 인터뷰하기 위해 만났을 때, 난 대뜸 이렇게 물었다. 김 총장은 우리말을 잘 알아듣는다. 잘 알아들을 뿐 아니라 잘 말하기도 한다. 다만 인터뷰처럼 공식적인 일을 할 때는 혹시라도 잘못된 단어 선택으로 오해를 빚을 우려 때문에 영어로 답변한다. 내가 김 총장을 인터뷰한 〈피플 인사이드〉 프로그램을 본 시청자들이 가끔 궁금해할 때가 있다. 왜 백지연은 한국말로 묻고 김 총장은 영어로 답변하지? 둘이 의사소통을 하고 있기는 한 거야? 이런 이유에서였다는 걸 이 기회를 빌려 간단히 설명한다.

'스펙 쌓기'란 말이 워낙 널리 퍼지다보니 혹시 하는 마음에 물었는데, 김용 총장은 웃으며 "아니요"라고 했다. 내가 간략하게 설명하자 그제야 김 총장은 이렇게 답변하기 시작했다.

"우리 졸업생 중 25퍼센트 정도는 졸업 시 취직하지 못합니다. 그래서 제가 그들의 취직을 도와주기도 하죠. 하지만 그건 그들이 필사적으로 직업을 찾지 않기 때문이기도 합니다. 그들은 4년 동안 다트머스의 복합적인 교육을 흡수하느라 여념이 없었죠. 그런데 그로부터 10년 후 다트머스 학생들이 뭘 하고 있는지를 보면, 그 한 척도로 소득수준을 보면, 졸업 당시 25퍼센트가 취업을 못했는데 10년 후에 그들의 소득은, 이건 다트머스에서 받은 학사학위가 최종학위인 사람만을 본 건데 미국 대학 중에서 최고로 소득수준이 높습니다."

왜 그럴까. 그는 그 이유를 이렇게 분석했다.

그들은
13개 분야의 다른 학문을
경험한다

"제 생각에는 본교에서 배운 것들이 그들을 아주 훌륭한 피고용자로 만들었기 때문이라고 봐요. 그들의 사회생활 기술이 뛰어나기 때문이라고 봅니다. 그들은 다른 학문 분야, 13개의 서로 다른 학문 영역의 수업을 들어야 할 의무가 있습니다. 문학, 과학 등 여러 분야를 공부해야 하죠. 그래서 이들은 잘할 수 있다는 자신감을 갖게 되고 실제로 잘합니다. 정말 노력하고 분투해야 하죠."

바로 이것이다. 대학을 "취업사관학교" "기업연수원"으로 전락시키는 수치를 자초하지 않더라도 대학을 대학답게 만드는 법. 13개의 서로 다른 학문 영역을 경험하는 동안, 학생들은 저마다 다른 업무 환경과 영역의 특성에 적응할 수 있는 마음의 습관을 만들게 된다. 어디서든 대체가 가능하고, 어느 분야에서든 추론적 유연성을 발휘할 수 있는 인재를 사회에 내보내게 되는 것이다.

다트머스대가 특정 직업군, 특정 기업군에 적합한 기술을 가르치지는 않지만, 직업교육을 시키지는 않지만, 대학에서 공부하면서 학생들은 어떤 중요한 직업이라도 가질 수 있

6장 스펙 쌓기요? 김용이 말하길…

도록 스스로 준비된다. 당장은 힘들지만 졸업 후에는 어디서 든 능력을 발휘할 수 있는 것이다.

"한국은 취업에 대해서도 창의적으로 생각해봐야 합니다. 다트머스 졸업생들은 거의 2, 30퍼센트 정도가 졸업할 당시에 계속 들어왔던 말, 그러니까 '세상을 보다 나은 곳으로 만들어야 한다는데 어떻게 하면 좋지?' 하고 고민합니다. 20~30퍼센트의 학생들이 졸업하면서 그런 생각을 한다면 상당한 수라고 생각합니다. 그들은 그렇게 하기 위한 다양한 방법을 찾고, 저도 그들을 돕습니다."

13개의 서로 다른 학문 영역을 경험하는 동안, 학생들은 저마다 다른 업무 환경과 영역의 특성에 적응할 수 있는 마음의 습관을 만들게 된다. 어디서든 대체가 가능하고, 어느 분야에서든 추론적 유연성을 발휘할 수 있는 인재를 사회에 내보내게 되는 것이다.

부러움과 부끄러움이 함께 일어나는 이야기지만 부러움은 여기서 멈추지 않는다. 김용은 한마디 더 덧붙인다.

"20~30퍼센트가 적은 수는 아니지만 더 늘어났으면 좋겠어요. 투자은행이나 경영컨설팅 쪽으로 가는 친구들 역시 마음 한구석에는 '그래, 나는 투자은행이나 경영컨설팅으로 나가는데, 그 이유는 그 세계가 어떻게 돌아가는지 배우고 싶기 때문이야, 그리고 돈도 좀 벌고'라고 생각하는 거죠."

세계가 어떻게 돌아가는지 배운다는 이런 속내를 인정하면서도 김용은 졸업생들이 다트머스대와 총장이 주문한 세계를 위한 의무를 잘 간직하기를 바란다. 이런 마음의 김용에게 한국 대학생들이 4년을 바쳐, 아니 4년도 모자라 중간중간 휴학까지 해가며 그토록 목매달고 있는 "스펙 쌓기"는 어떻게 다가올까? 대학 생활의 목표가 오로지 취직 하나인 것처럼 매달리는 현상에 대해 어떤 말을 해줄까.

있던 직업은 사라지고, 없던 직업이 생겨난다
김용은 먼저 다트머스대학의 한 교수가 제시한 데이터를 털어놓으며 말한다.

"2005년 다트머스 졸업생 중 40퍼센트는 (2011년 현재) 2005년에는 없었던 직업을 갖게 됩니다. 말하자면 6년 후에는 졸업생 가운데 40퍼센트가 이전에는 없던 직업을 갖게 된 거지요."

무서운 일이다. 현재 우리가 알고 있는 직업은 재빠르게 소멸되고, 듣도 보도 못한 직업이 각광을 받을지도 모른다. 현재 시점에 매달려 우물 안 개구리처럼 있다가는 내 모든 시간과 공을 들여 준비한 '스펙'이란 것이 한순간 물거품이 되어 나를 무능력자로 만들지도 모를 일이다. 위협하거나 단지 겁먹으라는 말이 절대 아니다. 준비를 하되 제대로 멀리 보고 준비해야 한다는 것이다.

김용은 온화한 말로 이렇게 덧붙였다.

"이런 일이 모든 곳에서 일어날 겁니다. 제가 젊은이들에게 하고 싶은 말 몇 가지가 있는데, 우선 부모님들이 하시는 말씀 중에는 정말 많은 부분이 맞는 말씀이라는 것, 일을 할 수 있고 살아남고, 학교에서 공부 잘하고, 학습하는 것, 모두 중요하죠. 피아노 치는 것, 음악을 배우는 것도 중요하죠. 하지만 또 다른 중요한 것은 아마 부모님 중에 이것을 말씀하시는 분은 별로 없을 텐데, 글로벌시티즌이 되라는 겁니다. 세상에서 벌어지는 일에 관심을 가지라는 겁니다. 잡지들을 읽고, 한국에도 좋은 시사지 같은 게 많이 있습니다. 예전에는 한국의 신문이나 잡지가 한국에서 일어나는 일에만 초점을 두었는데, 이제는 세계의 다른 곳에서 일어나는 일들도 많이 다루죠. 그래서 다른 세계에서 일어나고 있는 일들을 이해하고 참여하는 방법을 찾으라는 겁니다. 그래서 한국인들이 적어도 두 가지 언어를 배우는 게 중요하다고 생각합니다. 세 가지면 더 좋고요."

> 저는 이곳에 누군가가 되려고 온 것이 아니라 무엇인가를 하러 온 것입니다. 그 마음을 잃지 않는 것이 성공이라고 생각합니다.

'글로벌시티즌'이 되라는 그의 당부와 도구로서의 어학 능력을 기본적으로 갖추라는 그의 조언은 인터뷰 도중 여러 차례 반복됐다. 그만큼 빼놓을 수 없는 필수 조건이기 때문일 것이다.

세상에서 가장 어려운 일이 무엇이냐고 묻는다면 나는 '좋은 엄마 되기'라고 답하곤 한다. 실제로 어렵기도 하거니와 세상에서 가장 소중하고 사랑하는 대상에게 반드시 되어주고 싶은 것이기 때문이다. 평범한 엄마에 그치지 않는 나는 '어떤 엄마가 되고 싶냐'는 질문을 받을 때마다 입을 다물곤 한다. 아무리 마음이 간절해도 원하는 만큼 될 수 없다는 것을 알기 때문이다. 그러나 다만 이런 질문을 던져보기는 한다. 나는 현재 시점에 발 딛고 서 있지만 내 아이가 활발히 활동하기 시작할 2020, 2030년대에는 과연 어떤 인재상을 필요로 할까. 21세기 인재상이란 무엇일까?

나의 이러한 궁금증과 걱정은 비단 나만의 것은 아닐 것이다. 군이 부모가 아니라 하더라도 아직도 수십 년의 활동기를 보내야 할 독자들은 무엇을 준비해야 하는지, 그저 우왕좌왕하는 마음으로 시간을 보내고 있는 것은 아닌지, 이 책에서는 바로 그 부분에 대한 답을 찾기 위해 김용 총장의 이야기를 분석하고 또 강조하고 있는 것이다.

이제 여기까지 나와 함께한 독자라면 21세기형 인재가 되기 위해 무엇을 해야 하는지 마음속에 그림이 그려지기 시작했으리라 믿는다. 이제 마지막으로 나는 김 총장에게 이 질문을 던졌다. 다른 모든 인터뷰가 끝날 때마다 인터뷰이에게 묻는 통상적인 질문이기도 하다. 그러나 나는 통상적인 대답을 듣고 싶지 않다. 통상적인 답변이나 정의를 시청자나 독자에게 전하고 싶지 않기에 '진짜 대답'을 해달라고 조르는 마음으로 묻곤 하는 것이다.

성공의 정의가 도대체 뭔가요?

다트머스대학에서의 인터뷰 말미에 나는 대뜸 김용 총재에게 단문의 질문을 던졌다.

"총장님에게 성공의 정의란 어떤 것인가요?"

갑작스런, 이런 통상적인 질문에 김용 총장은 잠시 당황하는 듯했다. '뭘 이런 걸 물어보지?' 그럴 수도 있겠지만 김용의 성정상 질문자의 의도를 신중히 받아들이는 듯했다. 김용은 처음으로 시간을 달라고 했다.

"성공의 정의요… 정말 어렵네요… 잠깐 생각할게요."

순간 미안해진 나는 "그럼요. 시간 충분히 가지세요" 하고는 나 또한 잠깐 혼자 생각에 빠졌다.

중요한 것은 글로벌시티즌이 되라는 겁니다. 세상에서 벌어지는 일에 관심을 가지라는 겁니다. 그래서 다른 세계에서 일어나고 있는 일들을 이해하고, 참여하는 방법을 찾으라는 겁니다.

전작 《크리티컬 매스》에서 '성공'에 대한 나의 생각을 길게 설명했던 것을 그 책을 읽은 독자라면 기억하고 계실 줄 안다. 나는 이 시대가 마치 그것만이 의미 있는 것처럼 획일적인 성공이란 단어로 사람들을 옥죄고 호도하는 것에 지리한 염증과 옅은 분노를 느꼈다. 내가 〈피플 인사이드〉를 통해 인터뷰하는 사람들은 대부분 각 분야에서 이름을 낸 사람들이 대부분이다. 그들이 생각하는 성공이 제발 다르기를 희망하며, 그래서 우리가 다시 한번 더 신선하게 생각을 정리할 기회를 갖고 싶은 것이다.

김용은 정리가 된 듯 이야기를 시작했다.

"저에게 성공이란 전에도 말했듯이, 이곳에 누군가가 되고자 온 것이 아니라 무엇인가를 하러 온 것입니다. 그래서 저에게는 그 마음을 잃지 않는 것이 성공입니다. 내가 세상을 위해 일을 하기보다는 나의 지위를 지키려고 노력할 때 스스로 이 일에서 물러날 겁니다. 이런 일(총장직)은 엄청난 압력과 책임감을 느끼기보다는 어떤 지위를 누리는 마음을 갖기 쉬운 자리입니다. 왜냐하면 정말 좋은 직업이니까요. 많은 똑똑한 사람들을 총장실에서 만나고, 그래서 이런 직업의 함정은 사람이 변해서 이 지위를 누리게 되기 쉽다는 겁니다."

맞다. 우리 사회의 많은 문제와 발전의 지체는 바로 이 '누리려는' 사람들로 인해 빚어진

> 저에게 성공이란 인생을 통해서 무엇이 되기보다는 무엇을 하려고 계속 노력하고, 마침내 나이가 들수록 겸손해지는 것입니다.

다. 김용의 도덕성은 '누리는 것'에 대해 스스로 끊임없이 경계하는 것이다. 스스로 경계하고 절제하는 것이 오늘의 그를 만든 것이리라. 21세기형 인재상에 윤리와 도덕을 강조해야 하는 이유 또한 그는 보여주려 애쓰고 있었는지 모른다.

그는 계속 말을 이어갔는데 그가 이어서 한 말은 이 사회에서 소위 어떤 '자리'에 앉아 있는 사람들이 반드시 경청해야

할 이야기였다. 물론 그들이 몰라서 못하거나 안 한 것은 아닐 것이다. 다만 이 기회에 김용의 목소리를 빌어 한번 더 경청하는 것은 분명 여럿에게 득이 될 것이다.

'이제 충분히 성공했다'고 말하는 시점은 결코 오지 않을 겁니다. 저에게 성공이란, 저의 마지막 숨을 내쉴 때까지 세상을 위해 무엇인가 하려고 노력하는 것입니다.

"또 한 가지 제가 성공이라고 생각하는 건 좋은 남편, 좋은 아버지, 좋은 친구가 되는 것인데요. 이건 훨씬 어려운 일 같아요. 왜냐하면 이런 영역에서는 어려운 문제들에 귀 기울일 준비가 되어 있어야 하기 때문이에요. 높은 데 있는 사람, 잘 나가는 사람일수록 자신이 누구이고 다른 사람들이 자신에 대해 하는 말을 받아들이기가 어렵죠. 그런 자리에 있는 사람에게는 '그건 잘못된 거다. 멍청한 짓이다' 등 직접 말을 하기 어려운 법이잖아요. 그런 사람은 겸손해지기가 정말 어렵죠. 게다가 자신의 힘이 어떤 정도인지 알기 때문에 자신이 하던 방식을 바꾸지 못합니다. 그런데 그 사람의 파워는 함께 일하는 사람에게는 가장 짜증나는 것일 수 있어요. 정말 자신에 대한 평가에 귀 기울일 수 있는 능력, 자신이 좋은 리더인지 좋은 아버지인지 남편인지 등에 대해 귀 기울일 수 있는 능력을 갖추는 건 정말 어렵죠."

그는 어머니의 가르침을 들어 좋은 리더가 되기 위해 반드시 지녀야 할 겸손의 덕목에 대해 공들여 설명했다.

"한국에서는 겸손이 많이 강조되는데, 가장 어려운 일 중 하나입니다. 우리 어머니는 언젠가 말씀하시기를, '너는 인생이 밀이라고 생각해라. 밀은 아주 빨리 자라고 또 자라지만 완전히 성숙하면 머리를 숙인다.' 또한 어머니는 인생의 단계에 대한 유교적 개념도 말씀하셨어요. 가장 큰 지혜와 겸손은 70세가 되어야 온다고 해요. 저에게 성공이란 인생을 통해서 무엇이 되기보다는 무엇을 하려고 계속 노력하고, 마침내 나이가 들수록 겸손해지는 것입니다. 이는 아주 한국적인 사고방식이라 생각해요. 사람들이 우리 어머니처럼 유교의 고전을 많이 읽지는 않더라도 한국 문화의 핵심에는 이런 사고들이 있다고 생각합니다."

겸손에 대한 그의 이야기를 들을 때도 그렇고, 다트머스에서 2009년 2011년 두 차례, 워싱턴디씨에서 한 차례, 도합 세 차례 인터뷰를 하면서 끊임없이 받은 인상 하나는 그가 평생 잘 배워왔지만, 그의 남다름은 배우는 데서 끝나지 않았다는 것이다. 그의 배움은 삶에 그대로 투영되어 있었다. 그것은 매우 평범한 진리였다. 하지만 실천하기 매우 어려운 일이기도 하다. 평범하지만 시대에 상관없이 변하지 않기 때문에 더욱 강력한 진리인 것이다.

"저에게 있어, '이제 충분히 성공했다'고 말하는 시점은 결코 오지 않을 겁니다. 저에게 성공이란, 저의 마지막 숨을 내쉴 때까지 세상을 위해 무엇인가 하려고 노력하는 것입니다."

더 나은 한국 만들 '소수',
그들은 어디에

"A small group of thoughtful people could change the world. Indeed, it's the only thing that ever has."

평생을 인류에 대한 열정으로 산 인류학자 마거릿 미드의 말이다. 소소한 해석의 차이에 따라 깊은 뜻을 왜곡할 수 있기 때문에 영문 그대로 인용한다. '헌신적 소수가 세상에 큰 변화를 가져온다'는 것을 믿고 있지만 이 문장을 들여다보면서 갑자기 과연 누가 'thoughtful'한 사람들인가, 어떤 가치관과 사고가 'thoughtful'한 것인가 질문하게 된다. 요즘처럼 갈등이 극명하게 표면화되는 세상에서는 'thoughtful'이란 단어 하나만 두고도 저마다 제각각의 아전인수 격 해석을 할 수 있지 않겠는가? 하루가 멀다 하고 말싸움을 쏟아내는 각 정당, 정치세력들의 경우 저마다 우리가 바로 그 'thoughtful'한, 세상을 변화시킬 수 있는 소수의 사람들이라고 주장하지 않을까. 혹자는 내가 바로 그 소수의 그룹을 이끌 리더라고 굳게 믿고 나설 수도 있는 것은 아닐까. 착각과 오판에서 나선 사람들이 아닌, 미드가 뜻한 그대로 세상을 아름답게 변화시킬 수 있는 '소수의 그들'을 만나보고 싶다.

아시아인 최초로 미국 아이비리그 총장이 된 다트머스대 김용 총장은 미드의 그 말을 인용하며 이런 이야기를 했다. "국제기구마저 아프리카의 절망적 기아와 질병에 대해 몇몇이 애쓴다고 해결될 문제가 아니라며 회의적이었죠. 그러나 저와 저의 몇몇 친구는 적더라도 시작해야 한다고 생각했습니다." 그는 제대로 된 '소수'의 힘을 보여주듯 하버드대 의대 친구들과 아프리카에서 에이즈·결핵과 맞서 싸웠고 가시적 성과를 거두어 국제기구 사람들을 놀라게 했다.

미드의 이 말을 가슴에 새긴다는 사람은 또 있다(더 많겠지만). 미국 실리콘밸리 최대의 벤처캐피털 KPCB의 파트너 존 도어. 그 또한 자신이 가장 감동받은 명언에 미드의 말을 게재해놓고 있다. 그를 개인적으로 인터뷰해본 적이 없어 그의 선언과 행동이 어느 정도 일치하는지 확인할 길은 없으나 그가 지구온난화 방지와 빈곤 퇴치, 미래를 위한 교육개혁에 앞장선다는 자료가 수두룩한 것을 보면 그는 나름의 방법으로 미드의 말을 실천하고자 하는 것 아닐까. 버락 오바마 미국 대통령은 그를 '가장 존경하는 사업가 중 한 명'이라고 소개하곤 한다.

　　김용 총장은 총장직과 오바마 행정부 입각 기회가 동시에 왔을 때 총장직을 선택한 것에 대해 이런 이유를 댔다. "나 한 명이 할 수 있는 일보다, 수만 명을 교육시켜 세상을 변화시킬 수 있는 다수를 만들어내는 것이 더 효과적이라 생각했죠. 상대적으로 혜택받은 사람들이 지구의 어디로 가서든 가난과 질병에 시달리는 사람들을 위해 무언가 하는 것. 그것이 내가 생각하는 진정한 '균형'이기 때문입니다." 그는 그 스스로 정치권으로 들어가 보건정책을 수립하고 추진하는 것보다 건전한 가치관과 능력 있는 학생을 많이 키워내는 것이 세상을 변화시키는 더 빠른 길이라고 생각한 것이다.

　　다트머스대 김용 총장. 지난달 다트머스대를 찾아가 다시 인터뷰할 때 그는 그동안 학교 재정을 튼튼히 하는 일에 정신없었다고 설명하면서도 최근 열중하고 있는 'binge drinking(과음)' 추방 캠페인에 대해 힘주어 설명했다. '미국 아이비리그에 부는 '과음과의 전쟁이라'… 우리 대학가에서 신학기마다 심심찮게 들려오는 학생들의 과음 사고를 떠올리고 있을 때 그는 논문을 인용하며 이렇게 말했다. 사람 뇌의 중요한 부분은 24세까지도 발달하는데 이때 과음하게 되면 심각한 손상을 입게 될 뿐만 아니라 명석한 학생들이 불의의 사고를 당하기도 한다며 때로는 새벽녘에 '지금쯤 어디서 우리 학생들이 술을 마시고 혹여…' 하는 걱정에 잠을 설치기도 한다고 했다. 그는 학생들의 생활 안까지 이미 깊이 들어가 있는 듯했다.

무엇이 진정 더 많은 사람의 권익을 위해 'thoughtful'한 지, 누가 과연 'thoughtful'한 사람인지는 누구도 단정적으로 말할 수 없다. 사람의 속과 겉이 진정 같은지 검증하기 위해서는 긴 시간이 필요할 수 있고, 특정 정책이 옳은 방향인지 또한 시간의 흐름이 있어야 나타나기 때문이다. 위에서 예로 든 두 인물이 바로 '그들이다'라고 얘기할 수도 없다. 그들에 대한 검증 또한 시간이 더 지나봐야 알 수 있기 때문이다.

내년부터 시끄럽겠구나 했더니만 10월로 정치의 계절이 앞당겨졌다. 경험칙상 기대보다는 머리가 먼저 지끈거림으로 반응한다. 우리에게도 분명 대한민국을 더 낫게 만들 'small group of thoughtful people'이 있을 텐데 말이다. 어디에 있을까 그들은.

대통령 꿈꾼다면,
말하지 말고 보여주세요

　　선거 전후로 각 언론은 결과에 대한 예측과 분석을 하느라 법석을 떨곤 한다. 특히 대선 전후로는 그 예측과 분석의 심도가 더 깊어지게 마련이고, 이런 현상은 언론에만 국한된 게 아닌지라 두세 명 이상의 사람이 모인 모든 자리에선 화두가 되곤 한다. 우리 정치사에선 '뻔한' 결과의 대선이 많기는 했으나 예측을 불허한 결과 앞에서 승자의 승인 분석이 그렇게 간단한 것만은 아닐 때도 있었다. 분석 끝에 논박을 주고받다 보면 논거가 궁해진 말끝은 이렇게 흐려지곤 한다. "그래, 그래서 대통령은 천운이 따라야 한다고 하잖아." 천운이라…. 민심은 천심이라 했으니 결전의 그날! 무엇이 떠다니던 유권자의 마음을 구름떼처럼 이동하게 하는 것인가. 나는 문득 그것이 궁금해져 옛 인터뷰를 뒤적인다.

　　2002년 월드컵 함성이 뜨거웠던 그해, 대선을 앞두고 월

간중앙에 'Election 2002 백지연의 파워인터뷰'를 연재했다. 첫 대상은 이회창 후보. 내 글을 마치 남의 글 읽듯 읽어 내려가던 중 인터뷰의 방점을 찍는 마무리 문장에 눈이 멈춰 선다. '검증은 계속되어야 한다'. 지금 다시 읽어봐도 강한 마무리다. 당시엔 이 후보가 당선되리라는 것을 의심하던 사람이 그리 많지 않던 때였기에 위험성(?) 짙은 마무리였다. 인터뷰는 정치·경제·사회 모든 문제를 넘나들었으나 이 후보 측 캠프가 보여주고자 애썼던 것은 따뜻한 서민적 이미지였다. 그래서 당시 한나라당사에는 앞치마를 두른 이 후보의 캐리커처를 내걸기도 하고, 전교 54등을 한 적도 있다는 성적표를 내놓기도 했었다. 따뜻한 포용력의 리더십이 있다는 것을 보여주고 싶었으리라. 그러나 그러한 선거캠프의 노력에도 불구하고 나의 인터뷰는 이렇게 마무리돼 있었다.

'1등만 했다 해도 상관없다. 사람들은 혹시 그가 엘리트라는 특권의식으로만 무장된, 그래서 독단적인 생각을 가졌다거나 포용력과 리더십이 부족하지 않을지, 대통령이 될 만한 그릇인지 아닌지를 염려하고 검증하고 싶은 것이다. 나는 이 인터뷰를 통해 그 답을 얻고 싶었다. 그러나 그 답을 얻지 못했다. 검증은 계속되어야 한다'.

2002년 8월호를 들춰보니 월드컵 열풍으로 홍조가 만연했던 정몽준 의원에 대한 인터뷰 글에선 또 이런 부분이 눈에 들어온다.

'그는 인터뷰에 최선을 다하려는 빛이 역력했으나 인터뷰를 끝낸 후에도 무언가 잡히지 않는 미진함이 남는 이유는 무엇일까? 몸을 사리는 것도 지나치면 해가 되는 법. 잠깐 한눈 파는 사이에 시기를 놓칠 수도 있다. 대선에 나서려 한다면 정 의원은 사람들 속으로 뛰어들어야 할 것이다. 그는 자주 말한다. '나에게는 꿈이 있다'고. 그러나 우리는 그의 개인적 꿈에 관심이 있다기보다 그가 우리의 꿈을 이뤄줄 자질이 있는지가 궁금할 뿐이다'.

2002년 대선. 예측을 뒤엎고 이회창 후보는 왜 기회를 놓쳤을까. 정몽준 후보는 왜 그런 결론에 직면했던 것일까. 그 두 사람의 패인이 궁금해 묻는 것은 아니다. 도대체 유권자의 마음을 끌어들이고 혹 밀어내기도 하는 대선 후보들의 소구점은 어디에 있어야 하는지가 궁금한 것이다.

나는 나의 답을 2008년 다트머스대까지 날아가 만난 김용 총장으로부터 찾은 것 같았다. 23년여 인터뷰를 해오면서 단연 최고로 꼽는 인터뷰이가 김용 총장인 것은 그가 말한 단 한 문장 때문인지도 모른다. 그 한 문장이 그토록 강력했던 것은 단지 입으로만 하는 게 아닌 행동으로 보여준 그의 삶 자체였기 때문이다.

"나는 내가 어떤 자리에 오르는 것(what to be)이 아니라 내가 무엇을 해야 하는가(what to do)를 고민했습니다."

그가 인터뷰 내내 강조했던 키워드는 '헌신'과 '책임감'이었다. (김용 총장과 그의 친구들의 이야기는 다음 기회에 이 지면을 통해 소개하겠다.)

그래 이것이다. 한 나라의 대통령이 되겠다고 나서는 사람들이라면 '대통령만 시켜주시면 이렇게 하겠습니다'가 아니라 그가 평생을 어떤 목표와 책임감과 헌신으로 살아왔는지를 보여줄 것이 있어야 한다. 준비된 대통령이란 것이 정치구호가 아닌 실재인 사람만이 유권자에겐 진정 매력 있는 후보가 될 것이다. 대선이 내년이다 보니 벌써 누구누구 하며 설왕설래다. 그대 대통령을 꿈꾸는가? 그렇다면 말하지 말고 보여주어야 한다. 보여줄 삶이 없다면 제발 대선에 나와서 우리를 힘들게 하지 말라.

'무엇'이 되기 위해 살지 마라

1판 1쇄 펴냄 2012년 5월 7일
1판 9쇄 펴냄 2020년 4월 8일

지은이 백지연
펴낸이 안지미

펴낸곳 (주)알마
출판등록 2006년 6월 22일 제2013-000266호
주소 03990 서울시 마포구 연남로 1길 8, 4~5층
전화 02.324.3800 판매 02.324.7863 편집
전송 02.324.1144

전자우편 alma@almabook.com
페이스북 /almabooks
트위터 @alma_books
인스타그램 @alma_books

ISBN 978-89-94963-34-1 03320

이 책의 내용을 이용하려면 반드시 저작권자와 알마 출판사의 동의를 받아야 합니다.

알마는 아이쿱생협과 더불어 협동조합의 가치를 실천하는 출판사입니다.

종이 표지_실키카펫 210g/㎡ 본문_미색모조 95g/㎡